闫 飞 编著　　棒棒堂 绘

# 全景图解世界史

QUANJINGTUJIESHIJIESHI

· 展现人类文明精粹　　· 描绘世界历史全貌

· 化繁为简的文明史　　· 鲜活重现文明历程

南方传媒　广东人民出版社
·广州·

**图书在版编目（CIP）数据**

全景图解世界史 / 闫飞编著；棒棒堂绘．—广州：
广东人民出版社，2023.8
ISBN 978-7-218-16773-2

Ⅰ．①全…　Ⅱ．①闫…　②棒…　Ⅲ．①世界史—少
儿读物　Ⅳ．①K109

中国国家版本馆 CIP 数据核字（2023）第 144238 号

QUANJING TUJIE SHIJIESHI
全景图解世界史
闫　飞　编著　　棒棒堂　绘

**出 版 人：** 肖风华

**责任编辑：** 马妮璐
**责任技编：** 吴彦斌　周星奎
**装帧设计：** 棒棒堂

**出版发行：** 广东人民出版社
**地　　址：** 广州市越秀区大沙头四马路 10 号（邮政编码：510199）
**电　　话：**（020）85716809（总编室）
**传　　真：**（020）83289585
**网　　址：** http://www.gdpph.com
**印　　刷：** 天津海德伟业印务有限公司
**开　　本：** 1000mm×1094mm　1/12
**印　　张：** 8　　**字　　数：** 20 千
**版　　次：** 2023 年 8 月第 1 版
**印　　次：** 2023 年 8 月第 1 次印刷
**定　　价：** 168.00 元

**如发现印装质量问题，影响阅读，请与出版社（020-85716849）联系调换。**
**售书热线：（020）87716172**

# 目录

全景图解世界史

# 目录

全景图解世界史

# 650万年前—公元前3000年

### 南方古猿

南方古猿被认为是人类的祖先，他们体型小，能够直立行走，脚印已经与人类十分相似。

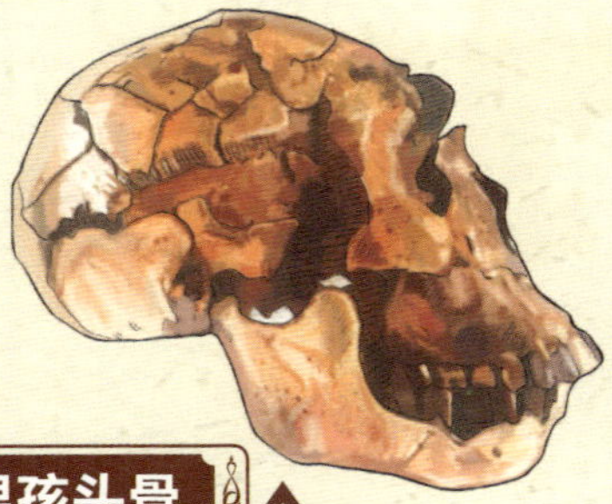

### 图尔卡纳男孩头骨

科学家曾在肯尼亚北部的图尔卡纳湖畔发现一具直立人男孩骨架。直立人虽然能够制造工具，但脑容量依然较小。

### 石质手斧

石质手斧是190万年前，生活在非洲的直立人发明的工具。

### 狗的驯化

3.5万年前，人类开始驯化狗来辅助狩猎。经过漫长的岁月，狗逐渐被驯化成陪伴型动物。

### 投矛器

投矛器能够帮助人们在狩猎时投掷得更远、更有力。

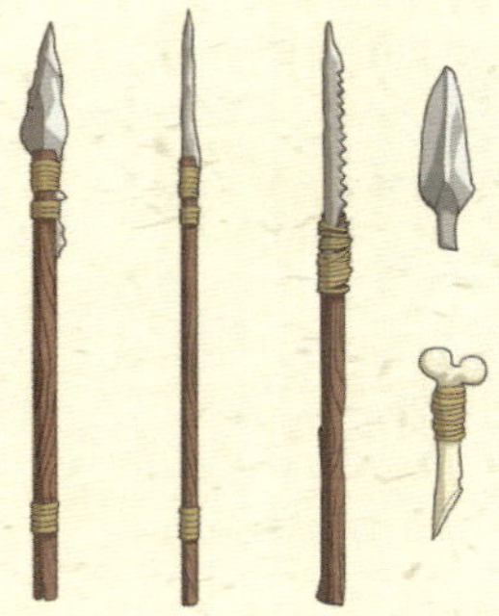

### 武器的出现

中石器时代，人类已经发明了许多种武器。比如带有锯齿边的鱼叉、矛、燧石箭头、夹子和捕鱼网等。

### 史前食谱

在中石器时代，人类的食物种类已经比较丰富了，浆果、坚果、根茎、鱼、肉，甚至蜗牛都是他们常吃的食物。

### 岩画

在法国肖维岩洞中，人们发现了一幅史前人类制作的岩画，画的内容是一只手的拓印。

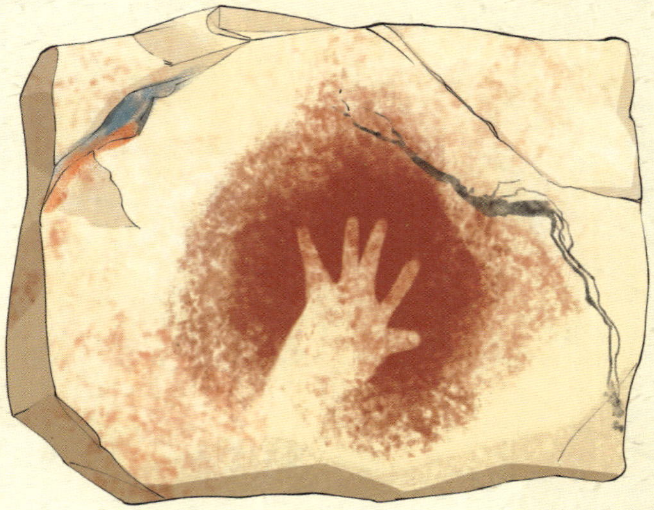



| 650万年前 | 300万年前 | 250万年前 | 约150万年前 | 50万年前 |
|---|---|---|---|---|
| 腊玛古猿出现。 | 南方古猿出现。 | 能人出现。 | 直立人出现。 | 海德堡人迁徙（xǐ）到欧洲。 |

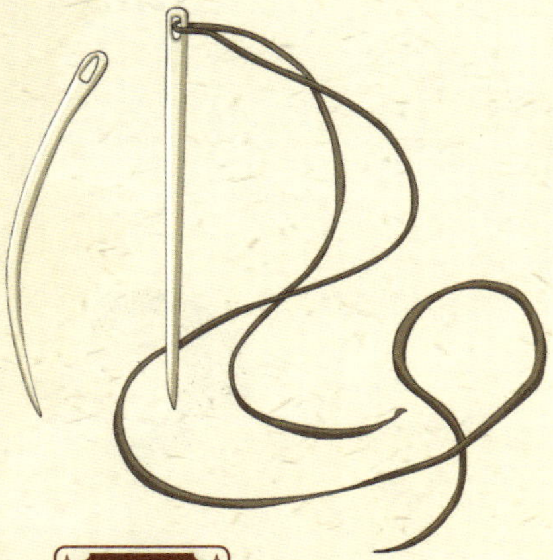

## 骨针

骨针是克罗马农人用来缝制衣服的工具。

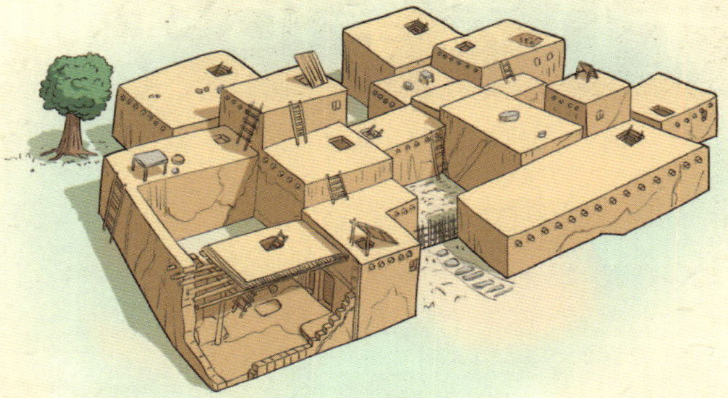

## 斧头

在公元前1万年的新石器时代，人们已经可以制作工具，比如精细抛光的石质斧头。

## 仙人洞陶片

最早的陶器是中国江西上饶市万年县仙人洞出土的陶片，距今有两万年之久。

## 加泰土丘

公元前 7300 年，土耳其境内存在一处已知全世界最早的人类定居地——加泰土丘。

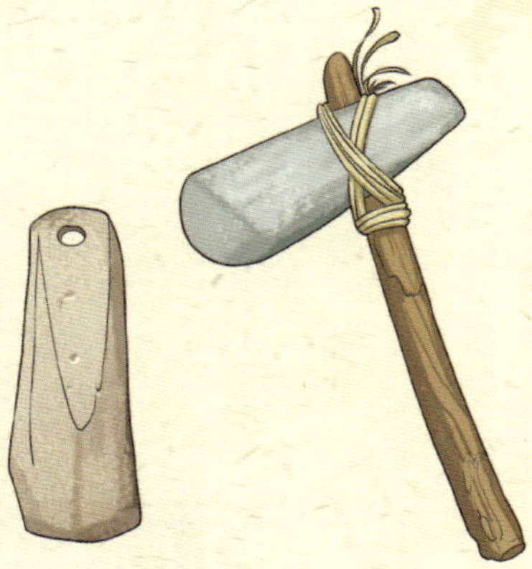

## 石板墓

约公元前 4000 年，人们已经开始为先祖建造石墓了，除了祭奠先祖以外，还能表明自己对土地的占有权。

## 小麦

野生的小麦在人类的不断改良中，终于成为我们熟知的普通小麦。

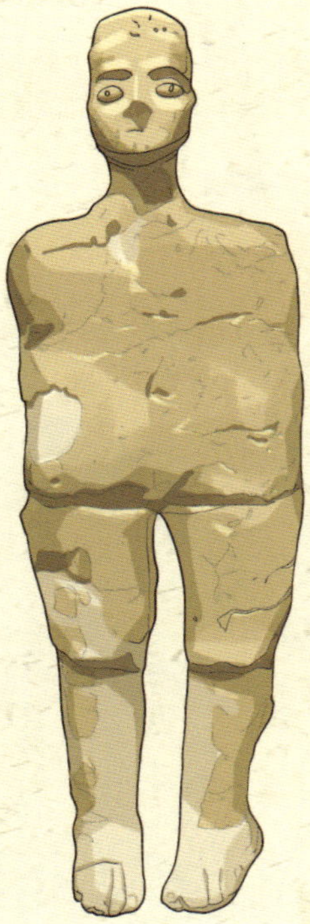

## 爱因厄扎尔雕像

当人类拥有祖先崇拜意识后，人们根据祖先的样子制成雕像，将其埋在房子下面，以祈求先祖的庇佑。

## 动物的驯化

牛与羊在经历了漫长的驯化过程后，已经呈现出与它们野生的祖先不同的形态，成为我们熟知的样子。



**25 万年前** 智人出现。

**8.5 万年前** 智人从非洲迁徙到亚洲。

**5 万年前** 现代人横渡海洋到澳大利亚定居。

**3.9 万年前** 人类开始绘制岩画。

**3.5 万年前** 人类驯养狗追踪猎物。

# 年代大事记

### 一、猿人的出现

650 万年前，非洲出现了能够直立行走的猿人，被称为“乍（zhà）得撒海尔人”。此时，距离人类的出现，更近了一步。

### 二、能人的出现

250 万年前，新的人科动物出现了。他们能够制作石质工具，并能操控工具进行日常活动，他们被称为“能人”。

### 三、直立人的出现

150 万年前，能人的后代出现了，他们被称为“直立人”。

### 四、走出非洲

距今约 25 万年前，最早的现代人出现了，他们被称为“智人”。智人不再停留在曾经世代生活的地方，他们走出非洲，走向世界各地。



**公元前 2.1 万年**
人类使用投矛器。

**约公元前 1.3 万年**
阿尔及利亚人制造了陶俑。

**约公元前 1 万年**
新石器时代开始。

**公元前 8000 年**
中部美洲的人们学会了种植南瓜。

## 五、尼安德特人的兴亡

20 万年前，尼安德特人出现了。他们身材矮小，但身手十分敏捷，善于用矛。但到了公元前2.4 万年，极端气候使尼安德特人灭绝了。

## 六、狩猎采集者

公元前1.2 万年左右，气候开始变暖，这个时期被称为中石器时代。此时，人们已经能使用弓箭进行捕猎了。

## 七、最早的农民

公元前9500 年，人类学会种植粮食和驯化动物，这些人也成了早期的农民。

## 八、城市的出现

世界上最早的城市出现在美索不达米亚，据说这里每座城市的统治者都是“神的代表”。

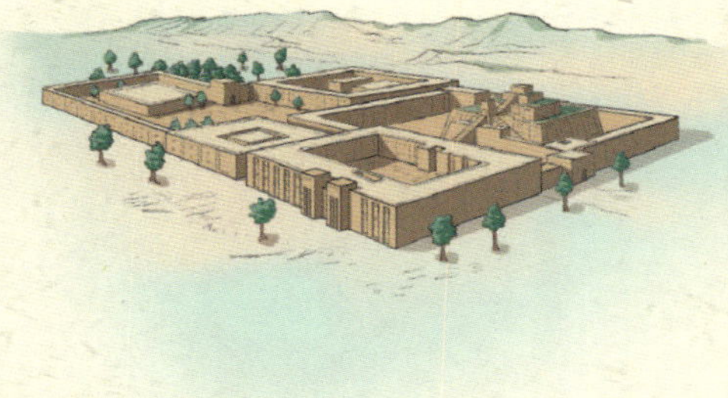

## 九、定居生活

人类学会耕种后不再随意迁移，过上了定居的生活。

**约公元前 6500 年**
欧洲东南部的人们开始种植谷类。

**公元前 5000 年**
欧洲人开始加工铜和黄金。

**公元前 4000 年**
地中海地区的人类开始种植葡萄和橄榄。

**公元前 3500 年**
两河流域南部出现奴隶制小国。

# 公元前 3000—前 2000 年

**轮子**

公元前 3000 年，美索不达米亚出现了轮子，人们认为它是苏美尔人发明的。

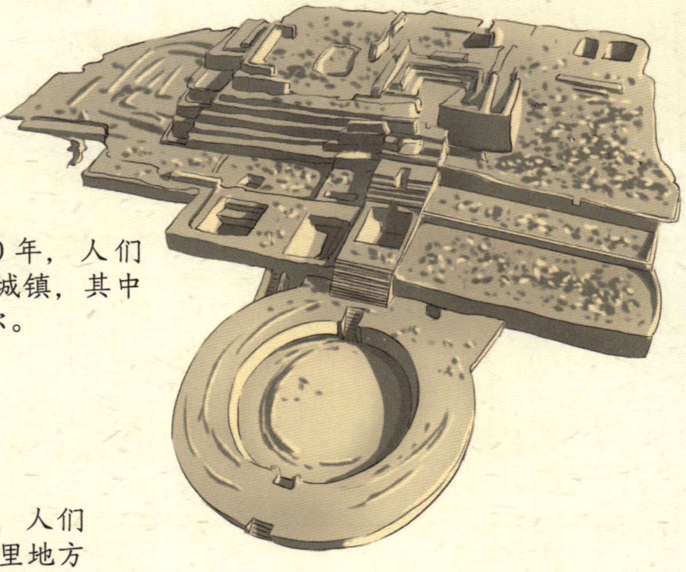

**卡拉尔**

公元前 2800 年，人们在美洲建造大型城镇，其中最大的就是卡拉尔。

**金字塔**

古埃及法老左塞修建的阶梯金字塔，这座 6 层的金字塔是由石块垒砌的。

**巨石阵**

公元前 2600 年左右，人们在英国伦敦西南沙利斯伯里地方竖起巨石，组成了巨石阵。但巨石阵的作用至今仍然是个谜。

**埃及猫神**

埃及猫神也叫贝斯泰托，曾是战神。

**木乃伊**

木乃伊源自阿拉伯语，意指“完好保存的尸体”，木乃伊是古埃及丧葬文化的组成部分。

**王室墓葬**

早在公元前 2600 年，乌尔统治者们就会在墓室内放置许多奇珍异宝供自己来世使用。



**约公元前 3000 年**
统一的古代埃及国家建立。

**公元前 3000 年**
美索不达米亚出现轮子。

**约公元前 3000 年**
奥克尼群岛建立村庄。

**公元前 2800 年**
卡拉尔在美洲建成。

## 卡尔纳克神庙

卡尔纳克神庙是埃及最著名的神庙，历代法老都曾扩建这座神庙。

## 树脂香

人们认为神是喜爱香味的，他们从阿拉伯进口各种香料，混合树脂、木屑、香草制成香，供奉给神。

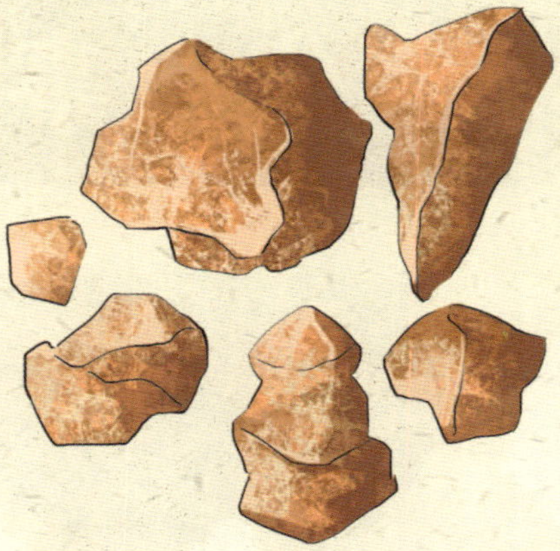

## 美洲人的主食

约公元前2500年，美洲中部的人们把玉米作为主食。

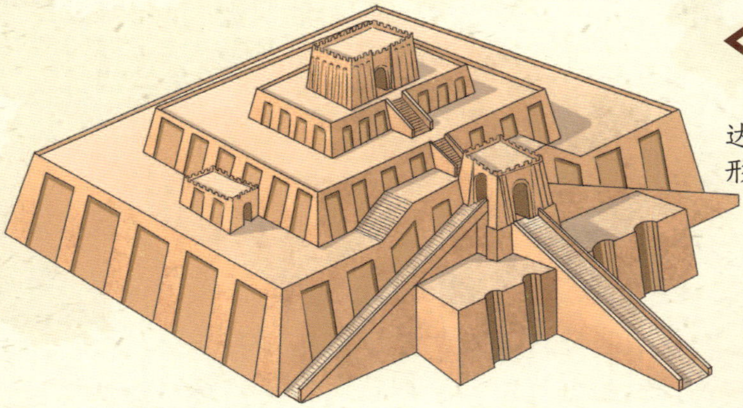

## 塔庙

公元前2200年，美索不达米亚出现了一种高阶梯的塔形建筑——塔庙。

## 敬神者的雕像

人们为了取悦神，会在神庙放置敬神者的雕像，代替他们向神祷告。

## 米诺斯文明

米诺斯人生活在地中海的克里特岛上，他们建造了许多宫殿，其中还设置了艺术创作的地方，克诺索斯的壁画充分展现了米诺斯艺术的繁荣。

## 摩亨佐达罗

摩亨佐达罗是印度河流域非常重要的一座商业中心，它的城市规划非常清晰，并已经具备排水系统。



**公元前 2700 年**
吉尔伽美什统治苏美尔乌鲁克。

**公元前 2650 年**
第一座金字塔开始修建。

**公元前 2600 年**
巨石阵建成。

**公元前 2600 年**
埃及人建造太阳神庙。

# 年代大事记

## 三、胡夫金字塔

公元前2589 年，埃及法老胡夫开始修建吉萨大金字塔，这也是所有金字塔中最大的一座。

## 二、埃及古王国建立

公元前2686 年，埃及的法老们开始修建墓室，他们被人们供奉为“神明”，而金字塔对于法老们来说是真正成为不朽神明的地方。

## 一、中国城镇

公元前3000 年，人们在中国黄河沿岸建立了最早的城镇。科学家在这里发现了许多精美的陶器，人们称这里的文化为“龙山文化”。

## 五、印度河文明

公元前2500 年，印度河孕育的神秘文明发展至巅峰时期，这里的人们拥有统一的计量标准和制陶风格。

## 四、美索不达米亚文明

幼发拉底河与底格里斯河孕育的美索不达米亚平原，诞生了人类早期最伟大的文明。

**公元前 2600 年**
古埃及制造木乃伊。

**公元前 2589 年**
埃及修建胡夫金字塔。

**公元前 2500 年**
印度河流域附近出现城市。

**公元前 2500 年**
吉萨修建狮身人面像。

**公元前 2500 年**
西亚使用楔（xiē）形文字。

## 六、萨尔贡帝国的诞生

公元前2334年，生活在美索不达米亚地区的萨尔贡国王开始征战四方，并建立了最早的王国——萨尔贡帝国。

## 七、埃及古王国的瓦解

公元前2180年，尼罗河的水位持续下降，导致埃及古王国遭受饥荒，随后国家因这场灾难消亡。

## 八、夏朝建立

公元前2070年，中国夏朝建立。

## 九、因纽特文化

约公元前8000年，北极地区已经有人类居住，他们被称为“因纽特人”，他们的文化被称为“因纽特文化”。

**公元前2500年**
古亚述产生。

**公元前2500年**
玉米成为美洲中部人们的主食。

**公元前2300年**
国王萨尔贡统治苏美尔。

**公元前2200年**
美索不达米亚建造塔庙。

# 早期的文字形态

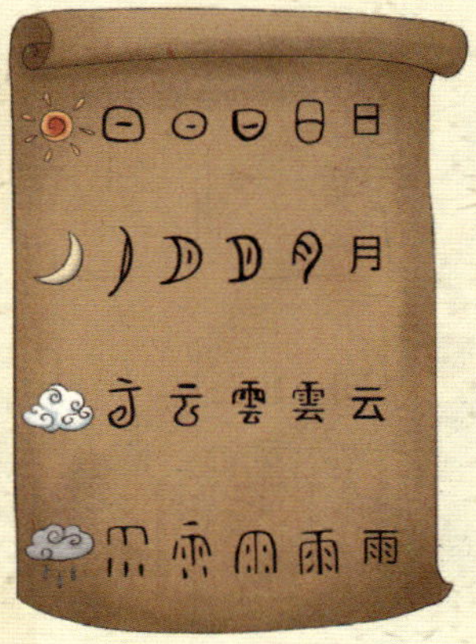


## 图画文字

图画文字是世界上最早的一种文字形式，可以说是文字的雏形，它是人类文明进步的标志。

## 象形文字

象形文字源于图画文字，但本身的图画性质已经减弱，是一种表意文字。

## 楔（xiē）形文字

楔形文字是由苏美尔人创造出来的，大约在公元前2500年开始大范围使用。人们使用削尖的芦苇秆在柔软的泥板上刻字，线条流畅笔直，呈楔形，故称“楔形文字”。

**公元前 2200 年** 爱尔兰进入了青铜时代。

**公元前 2180 年** 埃及古王国瓦解。

**公元前 2112 年** 乌尔修建月神塔庙。

**约公元前 2100 年** 南美洲开始种植玉米。

## 印度河石头印章

居住在印度河流域的人们发明了一种独特的书写系统，他们将图形符号印刻在石头印章上，人们称其为“印度河印章”。

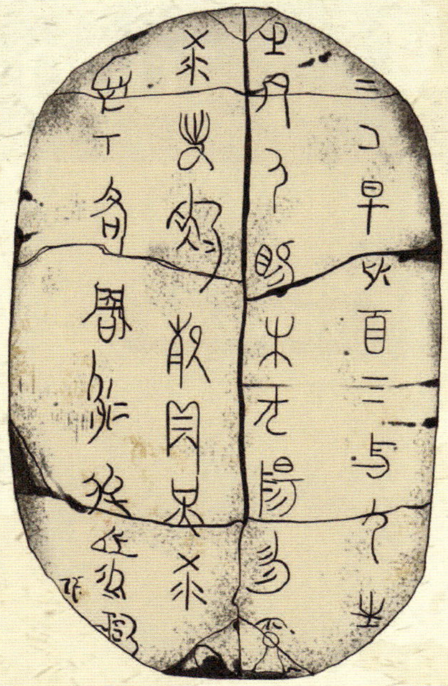

## 甲骨文

甲骨文是中国古代的一种文字形式。中国商朝时期，人们在占卜结束后，会将占卜结果刻在龟甲或是兽骨上，故称“甲骨文”。

## 腓（féi）尼基文字

腓尼基人创造了拥有22 个字母的腓尼基字母，后经演变，成为我们所熟知的字母。

**公元前 2070 年**
中国夏朝建立。

**公元前 2040 年**
底比斯统治者开创中王国时期。

**公元前 2000 年**
苏格兰进入青铜时代。

**约公元前 2000 年**
安第斯群落蓬勃发展。

# 公元前2000—前1000年

## 雪刀

因纽特人使用的刀非常有特点，刀身普遍有动物、猎人等图案。

## 汉穆拉比法典

巴比伦帝国之王汉穆拉比颁布了《汉穆拉比法典》，并将其刻在黑色的石柱上面，以便所有人观瞻（zhān）。

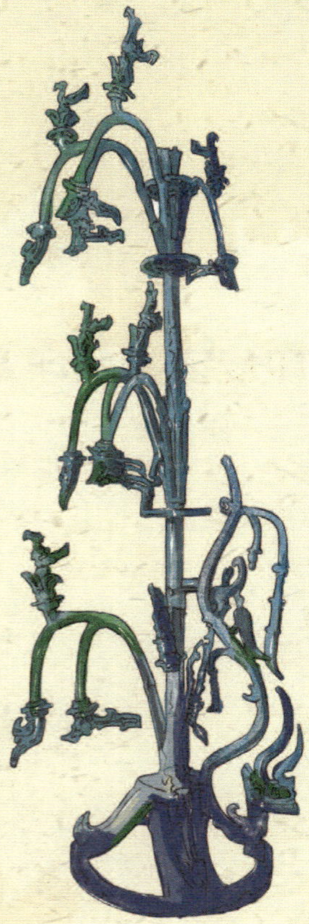

## 阿伽门农的面具

迈锡尼文明除了出土过青铜短剑，还曾发现大量黄金制品，其中有非常著名的阿伽门农面具。

## 青铜神树

青铜神树是三星堆出土的青铜器，是中国迄今为止出土的青铜器中形体最大的一件文物。

## 双轮战车

双轮战车是赫（hè）梯帝国能够成为霸主的主要因素，强大的军事力量让他们战无不胜。

## 克里特文明毁灭

约公元前1500年，米诺斯宫殿文明被毁灭。

## 地中海商业中心

约公元前1500年，地中海沿岸建造了许多新城市，这些城市成为当时的商业中心。



**公元前2000年** 爱琴海地区的米诺斯文明主宰地中海。

**公元前2000年** 西伯利亚南部进入阿凡纳谢沃文明。

**公元前1800年** 秘鲁人口增长，城市中心建立。

**公元前1786年** 喜克索斯人统治埃及。

**公元前1760年** 古巴比伦国王汉穆拉比征服美索不达米亚。

## 纳芙蒂蒂

纳芙蒂蒂是法老阿肯那顿的妻子，也是埃及历史上最著名的王后之一，据说她拥有惊为天人的美貌和至高无上的权力。

## 图坦卡蒙

古埃及第十八王朝法老（约前 1361—前 1352），他恢复阿蒙神信仰，并将首都迁回底比斯。

## 《摩西五经》

《摩西五经》是希伯来圣经最初的 5 部经典。其中，《出埃及记》描写了摩西带领希伯来人离开埃及，到达迦（jiā）南的故事。

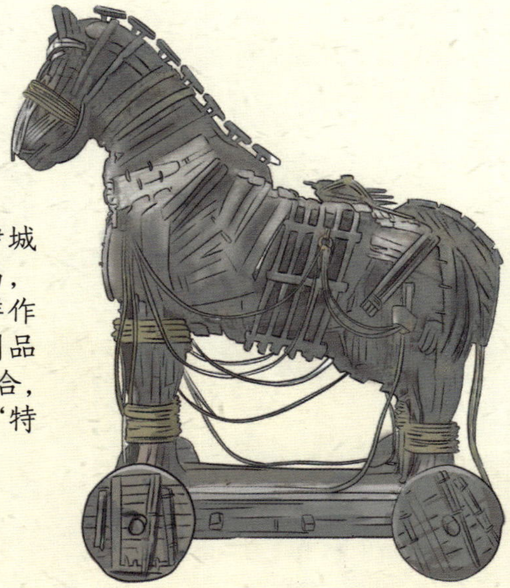

## 特洛伊木马

传说，希腊人在围攻特洛伊城的时候，制造了一匹巨大的木马，将士兵藏在其中，放在城外，佯作退兵。特洛伊人将木马作为战利品移到城内。夜间伏兵跳出，里应外合，攻陷特洛伊城。这匹木马被称为“特洛伊木马”。

## 阿布 · 辛拜勒神庙

埃及法老拉美西斯大帝修建了很多建筑，阿布 · 辛拜勒神庙便是其中之一，神庙中建有拉美西斯的巨大石像。

## 《梨俱吠（fèi）陀》

《梨俱吠陀》是印度最古老的诗集，这些古老的诗歌通过人们口口相传，最后汇集成了文字。

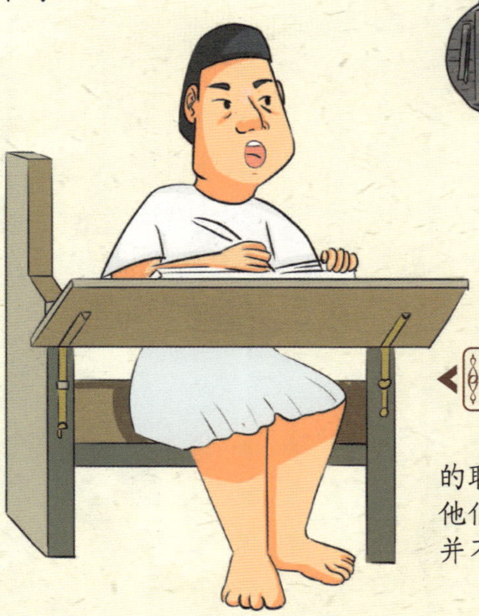

## 抄写员

埃及抄写员是一个体面却繁重的职业。抄写员的培养要从小开始，他们必须学会几百个象形文字符号，并不断练习。



| | | | |
|---|---|---|---|
| 公元前 1650 年<br>赫梯人征服大半个小亚细亚国。 | 公元前 1600 年<br>迈锡尼文明崛起。 | 约公元前 1595 年<br>赫梯人洗劫巴比伦。 | 公元前 1550 年<br>雅赫摩斯一世将希克索斯人逐出埃及。 |

# 年代大事记

## 一、巴比伦帝国

公元前1760年，汉穆拉比成为美索不达米亚平原上的霸主，他建立了巴比伦帝国。

## 二、赫梯崛起

公元前1650年，赫梯人崛起，他们统治了包括今天土耳其在内的大片领土。约公元前1595年，强大的赫梯人洗劫了巴比伦。

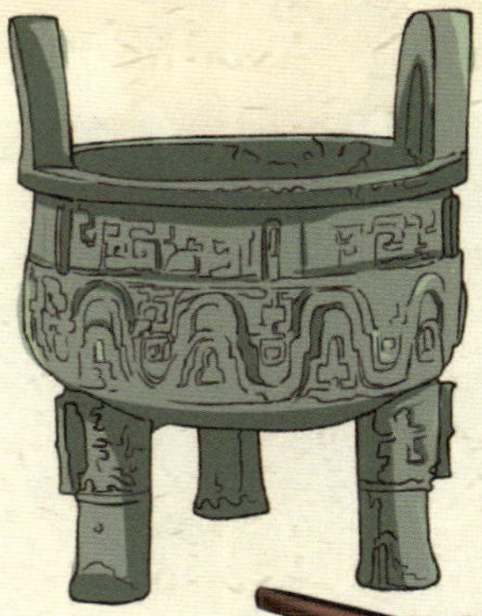

## 三、商朝建立

约公元前1600年，中国商朝建立。商朝的统治时间长达500多年。

## 四、迈锡尼文明崛起

公元前1600年，迈锡尼文明在希腊发祥。迈锡尼人虽受到米诺斯文明的极大熏陶，但他们却是真正的好战分子。

## 五、雅赫摩斯一世驱逐喜克索斯人

约公元前1550年，埃及法老雅赫摩斯一世率领埃及人打败喜克索斯人，并建立稳定的政权。

## 六、拉美西斯政权

拉美西斯二世统治埃及长达67年，是当时最具影响力的人物。

- **公元前 1500 年** 中国的商朝发展繁盛。
- **公元前 1500 年** 小亚细亚出现楔形文字。
- **公元前 1400 年** 腓尼基人发明字母型文字。
- **公元前 1380 年** 苏庇路里乌玛成为赫梯国王。
- **公元前 1379 年** 埃赫那吞（阿蒙霍特普）法老统治埃及。

## 七、希伯来人走出埃及

约公元前1200年，希伯来人的领袖摩西带领族人走出埃及，穿越沙漠，直抵迦南。

## 八、特洛伊战争

约公元前1200年，迈锡尼国王因为觊（jì）觎（yú）沿海国家的财富，与特洛伊城发生战争，最终特洛伊城化为一片废墟。

## 九、希腊的至暗时刻

约公元前1100年，迈锡尼宫殿被焚毁，至此，迈锡尼文明结束，这一时期也被称为希腊的黑暗时代。

**公元前1350年** 人们在墨西哥南部定居。

**公元前1304年** 拉美西斯二世统治埃及。

**公元前1250年** 地中海地区处于混乱状态。

**约公元前1100年** 迈锡尼文明衰弱，希腊进入黑暗时代。

**公元前1046年** 中国周朝建立。

# 公元前1000—前700年

**科伊桑人**

公元前1000年，科伊桑人在非洲生活，他们心灵手巧，擅长狩猎。

**诺克赤陶**

居住在西非的诺克人用赤陶像来展现文化艺术。

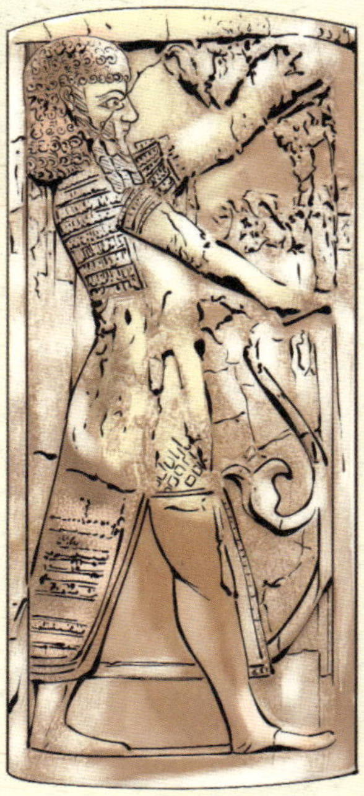

**希腊神话**

希腊神话是世界文化瑰宝，讲述了古希腊的神、英雄、宇宙与自然的奇幻故事。

**亚述艺术**

亚述人对于艺术有很深的造诣（yì），人们曾发现过一块亚述人造的象牙牌匾，刻画了一位手握莲花茎的亚述牧师，其制作工艺十分精良。

**亚述骑兵**

亚述国征伐四方，其战无不胜的秘诀就是他们拥有剽悍的骑兵。

**麦罗埃金字塔**

古代非洲库施王国虽然形成了自己独有的文明，但是也受到了埃及文明的影响，他们建造的麦罗埃金字塔的风格就与埃及金字塔相像。



| | | | |
|---|---|---|---|
| 公元前1000年<br>科伊桑人成为猎手。 | 约公元前1000年<br>墨西哥拉本塔成为中美洲商业中心。 | 公元前965年<br>所罗门建造圣殿。 | 公元前960年<br>亚述帝国崛起。 |

**麦罗埃陶器**

麦罗埃的金属制品与陶器在当时都非常有名。

**玻璃制造者**

腓尼基人善于制造玻璃制品，曾经出土的文物便印证了这一点。

**提格拉特帕拉沙尔三世**

提格拉特帕拉沙尔三世是亚述国王，他是一位好战分子，但也是一位军事改革家。

**恒河**

恒河作为印度的主要河流，一直被印度人民视为“圣河”。

**荷马史诗**

荷马是一位盲诗人，著有《伊利亚特》《奥德赛》，二者合称为“荷马史诗”。荷马史诗是古希腊最早的文学作品，反映了公元前 11—前 9 世纪古希腊人的生活。

**伊特鲁里亚壁画**

伊特鲁里亚壁画是伊特鲁里亚文化的精髓，罗马在建筑、宗教与艺术方面都深受伊特鲁里亚文化的影响。

**青铜雄鹿**

青铜雄鹿出土于巴比伦尼亚基什，这是巴比伦尼亚遗留下来的少数青铜雕像之一。



**公元前 911 年**
晚期亚述文明发展。

**公元前 900 年**
东非库希特文化复兴。

**公元前 900 年**
苏丹库施王国蓬勃发展。

**公元前 900 年**
多利安人建立斯巴达国。

**约公元前 900 年**
希腊出现几何学。

# 年代大事记

### 三、阿达德尼拉里二世登基

公元前 911 年，亚述国王阿达德尼拉里二世登基。在他的领导下，亚述国进入全盛时期。

### 一、雅利安人开疆拓土

约公元前1000 年，雅利安人开始扩大自己在恒河平原上的领土。

### 二、耶路撒冷圣殿

所罗门王执政期间，建造了耶路撒冷圣殿。

### 四、迦太基城建立

公元前814 年，腓尼基人在突尼斯建立了迦太基城。

| | | | | |
|---|---|---|---|---|
| 约公元前 850 年 | 公元前 814 年 | 公元前 800 年 | 约公元前 800 年 | 公元前 776 年 |
| 秘鲁人朝拜微笑的神。 | 腓尼基人建立迦太基城。 | 查文文化统治秘鲁。 | 伊特鲁里亚人在意大利建立城邦。 | 奥林匹克运动会在希腊举办。 |

## 五、伊特鲁里亚城邦形成

约公元前 800 年，伊特鲁里亚人建立了城邦国家。

## 六、奥林匹克运动会

公元前 776 年，世界上第一次奥林匹克运动会在希腊举办。

## 七、不朽之城诞生

公元前 753 年，罗马城建成。

## 八、古希腊崛起

约公元前 700 年，希腊人开始征伐希腊和爱琴海岛以外的领土。

| 约公元前 770 年 | 公元前 753 年 | 公元前 750 年 | 公元前 700 年 | 约公元前 700 年 |
| --- | --- | --- | --- | --- |
| 苏丹库希特统治者在埃及建立王朝。 | 罗马城建成。 | 希腊人沿用腓尼基人文字。 | 古希腊崛起。 | 奥尔梅克人弃用了圣洛伦索中心。 |

# 公元前700—前400年

**斯巴达战士装束**

斯巴达战士们都留着长发，并戴青铜头盔，彰显其英勇无畏。

**希腊短剑**

希腊短剑长约 40 厘米，刃宽约 7.5 厘米。

**泰勒斯**

泰勒斯出生于公元前 624 年，是古希腊的思想家、天文学家、科学家及哲学家，“希腊七贤”之一。

**征服者硬币**

吕底亚是世界上第一个制作硬币的国家。约公元前 650 年开始使用钱币。公元前 546 年，波斯居鲁士大帝征服了吕底亚后，便将自己的头像印在了硬币上。

**居鲁士大帝**

居鲁士大帝是波斯国王，他野心勃勃，不断征伐周边国家。在他征讨的铁蹄下，波斯成了当时世界上最大的国家。

**乔达摩·悉达多**

乔达摩·悉达多，佛教创始人。约公元前 560 年诞生，原是古印度北部的一名贵族。他对人们遭受的痛苦感同身受，最终他在一棵菩提树下顿悟，开始传教。后世称他为“佛陀”。

**孔子**

公元前 551 年，孔子诞生。他是中国最伟大的哲学家、教育家，他的儒学思想对中国人有着极为深远的影响。

## 克尔特人

约公元前6世纪，克尔特人居住在欧洲中部，建有城市，创造了拉登文化。他们精于骑术，也善于冶（yě）铁。

## 雅典剧场

戏剧发源于雅典，后传遍整个希腊。公元前484—前405年是戏剧的黄金时期。

## 苏格拉底

苏格拉底生于公元前470年，是西方哲学的奠基人。他与柏拉图、亚里士多德并称“希腊三贤”。

## 帕特农神庙

帕特农神庙是雅典卫城最重要的主体建筑，它的名字源于雅典娜的别名。

## 伯利克里

公元前5世纪后半期，伯利克里主政雅典。他为人正直清明，推行改革，深受百姓爱戴。

## 《十二铜表法》

《十二铜表法》是公元前450年罗马共和国颁布的罗马历史上第一部成文法典。

## 中国货币

中国古代流通的货币有一部分是由青铜制成的。其中，比较著名的是战国时期使用的刀币。

## 柏拉图

生于公元前427年，他是古希腊伟大的哲学家、思想家，也是客观唯心主义的创始人。

**约公元前600年**
迦太基船队环行非洲。

**公元前594年**
梭伦在希腊制定法律，实行政治经济改革。

**公元前586年**
巴比伦王国尼布甲尼撒二世攻占耶路撒冷。

**公元前560年**
佛教创始人乔达摩·悉达多出生。

# 年代大事记

## 一、巴比伦之劫

公元前689年，亚述国王辛那赫里布洗劫并摧毁了巴比伦。

## 二、斯巴达崛起

公元前685—前668年，斯巴达成为希腊地区最强大的军事力量。

## 三、西徐亚人的胜利

公元前652年，西徐亚人打败了米底人，建立了自己的国家。

## 四、梭伦制定法律

约公元前594年，雅典首席执政官梭伦制定律法，废除了债务奴隶制。

## 五、波斯帝国的崛起

波斯本是一个孱（chán）弱的小国，自居鲁士大帝掌权后，便开始南征北战，成为当时世界上最强大的国家。

## 六、波希战争

波斯人曾两次试图占领希腊，但希腊各个城邦联合在一起抵抗波斯的进攻，并最终获得了胜利。

| 公元前 539 年 | 公元前 525 年 | 公元前 509 年 | 公元前 508 年 | 公元前 500 年 |
| --- | --- | --- | --- | --- |
| 波斯居鲁士大帝攻占巴比伦。 | 波斯国王冈比西斯征服埃及。 | 罗马共和国成立。 | 雅典克里斯提尼推行民主改革。 | 秘鲁兴起帕拉卡斯文化。 |

## 七、温泉关战役

公元前480年，波斯帝国皇帝薛西斯一世率大军入侵希腊。斯巴达国王列奥尼达率领300名斯巴达勇士抵抗薛西斯一世的侵略。

## 八、战国七雄

公元前475年，中国进入战国时期，此时周王朝已经名存实亡，取而代之的是7个强大的诸侯国，它们被称为“战国七雄”。

## 九、伯罗奔尼撒战争

这是希腊城邦间的战争，交战双方是雅典与斯巴达。最后，斯巴达取得了战争的胜利。



**公元前 490 年**
希波马拉松战役。

**公元前 480 年**
希波萨拉米海战。

**公元前 475 年**
中国进入战国时期。

**公元前 450 年**
罗马共和国颁布了《十二铜表法》。

**公元前 431 年**
雅典与斯巴达爆发伯罗奔尼撒战争。

# 公元前 400 —前 1 年

### 苏格拉底被杀

公元前 399 年，希腊著名哲学家苏格拉底被法庭指控腐蚀青年思想，被判死刑。

### 罗马城被洗劫

公元前 390 年，高卢首领布伦努斯率军攻打罗马。尽管当时城中鹅群因为受到惊吓，发出“嘎嘎”的叫声惊醒了守城士兵，但高卢人还是洗劫了罗马城。

### 战象

孔雀王旃（zhān）陀罗·笈（jí）多送给亚历山大部下 500 头大象，这些大象被应用于作战。

### 伊苏斯战役

公元前 333 年，马其顿亚历山大大帝在伊苏斯战役中表现得非常勇猛，打败了劲敌波斯大流士三世。

### 秘鲁木乃伊

考古学家在帕拉卡斯半岛发现了几百具木乃伊。经研究发现，这些木乃伊来自约公元前 300 年。

### 赫利俄斯太阳神铜像

公元前 280 年，一座巨大的赫利俄斯太阳神铜像伫（zhù）立在希腊罗得岛海港上。可惜的是，这座铜像因为一场地震而坍塌。

### 阿基米德

阿基米德生于公元前287年，是古希腊的数学家、天文学家，他曾有名言：“给我一个支点，我就能撬动地球。”

### 石女像

孔雀王朝的人非常擅长雕塑艺术。曾经出土的巨大石女像雕塑展现了他们理想中的女性之美。



| 公元前 400 年 | 公元前 390 年 | 公元前 379 年 | 公元前 334 年 | 约公元前 321 年 |
|---|---|---|---|---|
| 南美洲查文文化繁盛。 | 高卢人洗劫罗马城。 | 底比斯发生政变。 | 马其顿亚历山大大帝征伐四方。 | 旃（zhān）陀（tuó）罗·笈（jí）多建立孔雀帝国。 |

## 兵马俑

兵马俑是秦始皇的陪葬品，每个兵俑都刻画得栩栩如生，长相、表情均不相同。

## 汉武帝

汉武帝是西汉的第7位皇帝，他驱逐匈奴，设立太学，实行“罢黜百家，独尊儒术”政策。

## 丝绸之路

丝绸之路是一条由中国穿越中亚，最终通向地中海的贸易路线。

## 尤利乌斯·恺（kǎi）撒

尤利乌斯·恺撒是古罗马统帅、政治家。在战争中，恺撒展现出了非凡的军事能力。后来他自封为独裁官，独揽罗马大权。

## 奴隶起义

公元前73年，古罗马一名叫作斯巴达克斯的逃亡角（jué）斗士发动了奴隶起义，7万余名奴隶加入他的阵营之中。

## 屋大维

屋大维是恺撒的养子。恺撒死后，他打败政敌，集罗马军事、行政、司法和宗教等大权于一身，被罗马元老院授予“奥古斯都”的头衔，成为实际上的皇帝。

## 马克·安东尼

马克·安东尼是古罗马的政治家、军事家。在亚克兴角战役中，马克·安东尼被屋大维打败。

## 克里奥佩特拉

克里奥佩特拉是古埃及托勒密王朝的最后一任女法老。她美丽绝伦，机敏聪慧，一生极具戏剧性。

**公元前290年** 罗马称霸意大利半岛。

**公元前265年** 印度阿育王占领卡林加。

**公元前264年** 罗马与迦太基第一次布匿战争开始。

**公元前221年** 秦始皇称帝。

# 年代大事记

## 一、亚里士多德

亚里士多德生于公元前384年，是古希腊的哲学家、科学家。

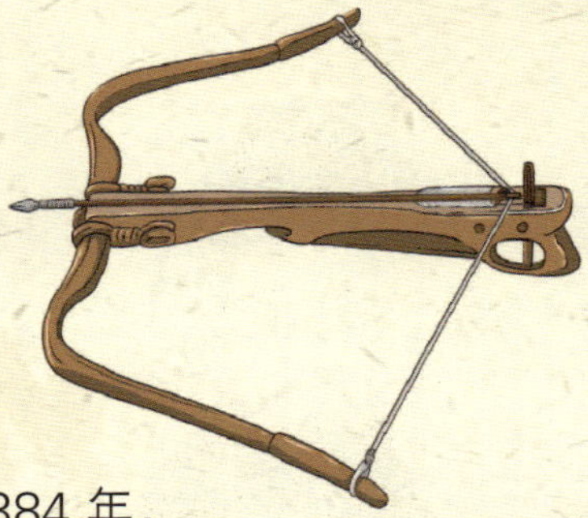

## 二、弩

约公元前350年，手持弩已经在中国广泛使用了。

## 三、亚历山大大帝

马其顿国王亚历山大大帝是古代欧洲最杰出的军事家之一，他战功卓著，建立了庞大的亚历山大帝国。

## 四、孔雀帝国建立

公元前321年，旃（zhān）陀（tuó）罗·笈（jí）多在印度建立了孔雀帝国。

## 五、罗马称雄

公元前290年，罗马与萨谟奈持续50年的战争以罗马取得胜利而告终。当时的罗马，统治地域几乎遍及整个意大利。

## 六、阿育王皈依佛教

孔雀王朝的君主阿育王因为对自己在战争中的暴行深感懊悔，最终决定皈依佛门。

- 公元前 212 年：阿基米德被杀。
- 公元前 202 年：迦太基名将汉尼拔被罗马人打败。
- 公元前 167 年：耶路撒冷犹太人起义。
- 公元前 146 年：迦太基被罗马摧毁。
- 约公元前 114 年：丝绸之路开通。

## 七、布匿（nì）战争

罗马与迦太基为了争夺地中海西部的控制权而爆发的战争，最终以罗马摧毁迦太基城而告终。

## 八、秦朝建立

公元前 221 年，秦王嬴政横扫六国，建立秦朝。嬴政是中国历史上第一位皇帝。

## 九、刺杀恺撒

罗马元老院 60 名议员组成了一个秘密组织，密谋刺杀恺撒。在公元前 44 年，恺撒死于他们之手。

**公元前 73 年**
斯巴达克领导罗马奴隶起义。

**公元前 60 年**
罗马首次出现三人执政。

**公元前 44 年**
恺撒遇刺。

**公元前 27 年**
罗马帝国建立，屋大维成为第一任皇帝。

# 公元1—400年

## 罗马大剧场

公元80年，耗时8年修建的罗马圆形大剧场终于完成，它拥有80个出口，能够容纳5万人。

## 纳斯卡文化兴起

约公元50年，位于秘鲁附近的纳斯卡文化崛起，纳斯卡艺术中最重要的就是彩陶作品。

## 造纸术

105年，中国的蔡伦革新了造纸工艺，改进了造纸术。

## 哈德良长城

哈德良长城位于英国，是罗马皇帝为了防御凯尔特部族侵扰而修建的。

## 地动仪

132年，中国汉朝科学家张衡发明了地动仪。

## 马可·奥勒留

马可·奥勒留是罗马帝国的皇帝，同时是军事家、哲学家。他虽杀伐果断，但在戎马倥（kǒng）偬（zǒng）之际仍写下了哲学札记《沉思录》。

## 黄巾起义

中国东汉末年，40万头束黄巾的百姓揭竿而起，反对暴政。

**公元14年** 罗马皇帝屋大维逝世。

**公元25年** 中国进入东汉时期。

**公元33年** 相传耶稣被罗马总督处死。

**公元43年** 不列颠遭到罗马入侵。

**公元66年** 巴勒斯坦犹太人发动起义。

## 蒂卡尔城

蒂卡尔城地处危地马拉热带雨林，内有古代玛雅文明中最高的金字塔神庙。

## 曹操

曹操是中国古代杰出的政治家、军事家、文学家，也是曹魏政权的缔造者。

## 众神之城

特奥蒂瓦坎位于墨西哥中部，它被打造成一个圣地，用以敬奉众神。

## 两半帝国

戴克里先皇帝认为，仅有一位皇帝不足以统治罗马帝国。于是，他任命马克西米安为西部皇帝，两人共同治理罗马。发展至 293 年，罗马帝国出现了四帝共治的景象。

## 西潘莫切文明兴盛

在古代秘鲁莫切人西潘王的陪葬品中，有一件精美的装饰物，制作工艺十分精良。它代表着当时莫切文明的兴盛。

## 芝诺比阿女王

芝诺比阿是叙利亚巴尔米拉的女王，她心思缜密、谋略极深。

## 君士坦丁大帝

306 年，君士坦丁一世称帝。此后，他击败篡（cuàn）位者，扶持基督教，允许罗马帝国的民众信仰自由。

## 阿旎（nǐ）陀石窟

阿旎陀石窟位于印度德干西北部。它拥有 30 多座石窟佛寺，石窟内的壁画和雕塑将佛教艺术发展到了极致。



**公元 79 年**
维苏威火山喷发。

**公元 80 年**
罗马圆形大剧场修建完成。

**115 年**
罗马帝国达到巅峰时期。

**130 年**
贵霜帝国发展繁盛。

# 年代大事记

## 一、塔克法里纳特反抗罗马

公元17—24年，塔克法里纳特领导人民反抗罗马在北非的统治。

## 二、刘秀建立东汉

公元25年，刘秀推翻王莽的统治，建立东汉王朝。

## 三、耶稣被处死

公元33年，耶稣在耶路撒冷被处死。

## 四、佛教传入中国

公元67年，佛教传入中国中原地区。

## 五、庞贝骚乱

公元59年，观看角斗士竞技的双方支持者发生了斗殴事件，许多人因此丧命。

**166年** 罗马使者到达中国。

**220年** 中国进入三国鼎立时期。

**224年** 波斯萨珊王朝建立。

**238年** 非洲隶农、奴隶起义，反抗罗马。

**250年** 洪都拉斯进入玛雅文明古典期。

## 六、维苏威火山喷发

公元 79 年，维苏威火山喷发，致使庞贝和赫库兰尼姆被埋在火山灰中，数千人丧命。

## 七、三国鼎立

220 年，东汉王朝灭亡，中国进入魏、蜀汉、吴三国鼎立时期。

## 八、玛雅文明

250 年，前古典期玛雅文明已发展至巅峰，他们建造宏伟的神殿，并发展出高度的文明。

## 九、拜占庭帝国建立

330 年，君士坦丁将首都迁移至拜占庭，并将其改称君士坦丁堡。

## 十、笈多王朝称霸

376 年起，旃陀罗·笈多二世通过多重手段使北印度进入全盛时期。

**320 年** 笈多帝国崛起。

**323 年** 君士坦丁大帝成为罗马唯一奥古斯都。

**330 年** 罗马迁都，修建君士坦丁堡新城。

**350 年** 库希特文明消失。

**386 年** 中国历史上皇帝最多的一年。

# 400—800年

### 匈奴王阿提拉

阿提拉是匈奴人的首领，绰号“上帝之鞭”。他统一匈奴各部落，带领他们南征北战，令人闻风丧胆。

### 手工艺者

伦巴第出色的手工艺者会将黄金与珠宝制成非常精美的物品。

### 纳斯卡线条

生活在秘鲁南部纳斯卡沙漠的人们会在土地上画出非常巨大的动物与一些神秘图案，但至今没有确切证据证明他们这么做的原因。

### 圣索菲亚大教堂

532 年，拜占庭统治者查士丁尼下令修建圣索菲亚大教堂。

### 拜占庭帝国的金币

随着拜占庭帝国的发展，它的经济也越来越繁荣。最享有盛誉的是拜占庭金币，它的纯度极高，可以保存很久。

### 大运河

中国隋朝皇帝隋炀帝在位期间，开凿了一条全长 2700 多千米的大运河，这条运河贯通中国南北，至今仍是世界上最长的运河。

### 奴隶市场

格里高利一世担任罗马教皇时，奴隶买卖是很普遍的事情。他千方百计赎回了被伦巴第人抓去的基督教战俘。

- **395 年** 罗马帝国分裂。
- **410 年** 哥特人洗劫罗马城。
- **432 年** 基督教传入爱尔兰。
- **445 年** 阿提拉攻打西欧。
- **476 年** 西罗马帝国灭亡。

## 太阳历

太阳历是玛雅人根据天文测算出来的，经过计算，玛雅人将一年的长度定为 365.242129 天。

## 女皇武则天

武则天是中国历史上唯一的女皇帝。

## 李白

李白是中国唐代的浪漫主义诗人，被后世称为“诗仙”。

## 最伟大的哈里发

哈伦·拉希德是阿拔斯王朝的第五任哈里发，他鼓励文学创作，将巴格达打造成了文化中心。

## 女皇伊琳娜

伊琳娜是欧洲历史上第一位女皇，也是拜占庭帝国的统治者。

## 圆顶清真寺

691 年，耶路撒冷的圆顶清真寺建成，它的设计受到了拜占庭建筑的影响，但也具有非常明显的伊斯兰建筑风格。

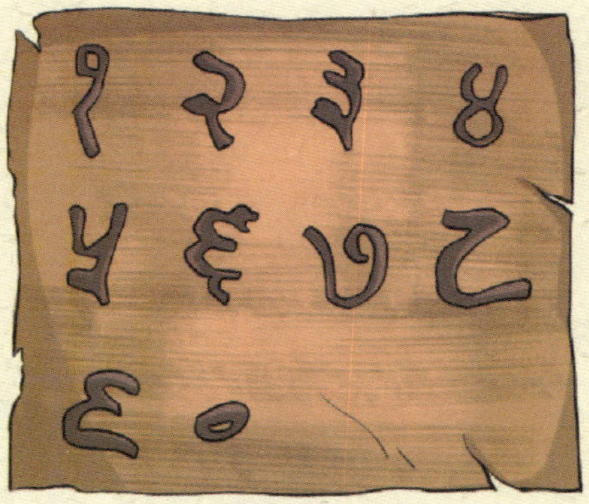

## 阿拉伯数字

大约在 7 世纪，古印度人发明的数字传到了阿拉伯，后来传到欧洲，被称为阿拉伯数字。阿拉伯数字采用十进位值计数法，颇便计算与书写。



**493 年**
东哥特人入侵意大利。

**542 年**
黑死病肆虐君士坦丁堡。

**570 年**
伊斯兰教创始人穆罕默德诞生。

**581 年**
中国进入隋朝。

**589 年**
阿拉伯人、突厥人、拜占庭先后入侵波斯。

# 年代大事记

## 二、沙隆战役

来自蒙古的匈奴人在阿提拉的带领下，进攻高卢与意大利。451 年，罗马人、哥特人联合法兰克人在沙隆打败了阿提拉。

## 一、罗马遭洗劫

410 年，阿拉里克率兵入侵意大利，在勒索银钱遭到拒绝后，他们洗劫了罗马城。

## 三、西罗马帝国灭亡

476 年，蛮族将领奥多亚塞推翻了西罗马帝国最后一位皇帝的统治，自封为意大利国王，并控制罗马城，西罗马帝国就此覆灭。

## 四、武耶战役

507 年，法兰克国王克罗维在武耶战役中打败了西哥特人，将他们驱逐至比利牛斯半岛。

## 五、瘟疫爆发

542 年，黑死病通过运粮船上被感染的老鼠携带至君士坦丁堡，这次疫病的传播范围非常广。

**600 年** 玛雅文明进入鼎盛时期。

**606 年** 戒日王统一印度北部。

**618 年** 中国进入唐朝。

**622 年** 穆罕默德从麦加出走麦地那。

**700 年** 印第安人古城特奥蒂瓦坎毁灭。

## 六、隋朝建立

中国经历了数百年的动荡与分裂，终于在581年由隋文帝杨坚建立了统一的政权——隋朝。

## 七、玛雅帝国达到鼎盛

经过长期发展，玛雅帝国的文明、领土、建筑、文化、科学、农业都达到了鼎盛时期。

## 八、伊斯兰教的诞生

610年，穆罕默德开始布道，并创立了伊斯兰教。

## 九、阿拔斯王朝建立

750年，艾布·阿拔斯推翻了倭（wō）马亚王朝，建立了阿拔斯王朝。

**732年** 法兰克军队与阿拉伯军队图尔战役。

**750年** 阿拔斯王朝建立。

**751年** 唐与阿拉伯帝国怛（dá）罗斯之战。

**768年** 查理大帝统治法兰克北部。

**787年** 维京人袭击英国海岸。

# 800—1000年

## 霍霍坎文明兴盛

约800年，北美西南部霍霍坎文明进入兴盛期。

## 婆罗浮屠

印度尼西亚婆罗浮屠建成于835年，整座建筑共有504尊佛像，它与长城、泰姬陵、吴哥窟并称为“东方四大奇迹”。

## 火药

火药是中国人发明的，它是由硫黄、硝石、木炭等材料混合而成的。宋朝时期，中国人将火药作为武器使用。

## 《凡尔登条约》

843年，查理曼的帝国被分为三部分，分别由查理曼的三个孙子继承。

## 维京长船

维京长船是由木板搭接，以钉子固定的，船体靠风力或人力驱动。

## 阿尔弗雷德的珠宝

阿尔弗雷德是威塞克斯的国王，他的肖像被镶嵌在黄金与水晶制成的框里，并刻有“奉阿尔弗雷德之命制作”的字样。

## 伽（gā）色尼王朝青铜灯

经过精心雕琢的青铜灯，被伽色尼帝国中的有钱人家使用。



| 800年 | 802年 | 814年 | 828年 | 843年 | 843年 |
| --- | --- | --- | --- | --- | --- |
| 霍霍坎文明进入鼎盛时期。 | 高棉帝国建立。 | 查理大帝去世。 | 爱格伯特统一英格兰岛各部，自此始有英吉利之称。 | 《凡尔登条约》签约，法兰克帝国三分。 | 苏格兰统一。 |

## 定窑白釉孩儿枕

定窑白釉孩儿枕是宋朝能工巧匠打造的，枕头呈孩子卧于榻上状，以孩子的背部为枕面，神态极为传神，是中国古代瓷器的名品。

## 肯尼斯·麦克亚尔宾

843 年，肯尼斯·麦克亚尔宾建立阿尔巴王国，即苏格兰王国。

## 神符石

维京字母被称为“如尼文”，维京人喜欢将如尼文刻在石头、金属等物件上，以记录他们的故事。

## 海龟盘子

霍霍坎人擅长制作陶器，并在陶器上描绘人或动物的形象。

## 土狼勇士像

托尔特克人崇尚勇士，图拉曾经出土过一尊珍珠土狼勇士像，印证了他们对郊狼神的崇拜。

## 查克摩尔神石像

托尔特克人制作的查克摩尔神石像分布在奇琴伊察，其形象为半躺在地上的勇士，双手托着一个盘子置于胸前，用于摆放祭品。

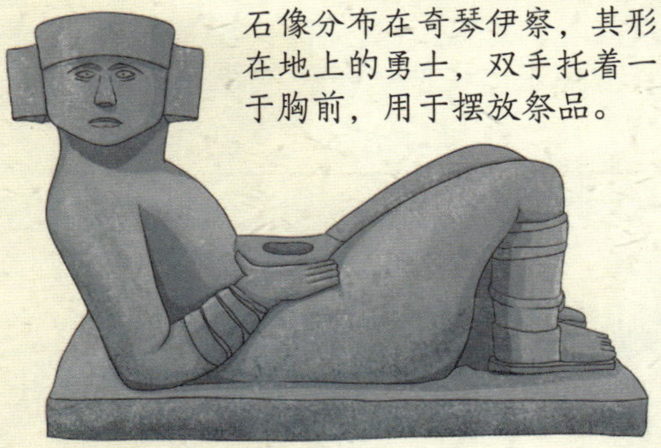

## 玛雅燧（suì）石

人们在玛雅坟墓中发现燧石，但不清楚其用途。

## 法蒂玛星盘

在法蒂玛时期，开罗是名副其实的科学中心，尤其天文学方面发展得很好，法蒂玛星盘就是当时天文学研究者使用的工具。



| 850 年 | 858 年 | 860 年 | 869 年 | 878 年 |
|---|---|---|---|---|
| 维京人在大西洋沿岸掠夺钱财。 | 藤原家族在日本掌握实权。 | 维京人统治诺夫哥罗德。 | 玛雅文明最大的都市蒂卡尔毁弃。 | 英军在爱丁顿战役中击败维京人。 |

# 年代大事记

## 一、查理曼加冕（miǎn）

800 年，教皇加冕查理曼为皇帝，他也是 400 年来西方的第一位皇帝。

## 二、高棉帝国建立

802 年，阇（shé）耶（yé）跋摩二世在柬埔寨建立了统治东南亚600 年之久的高棉帝国。

## 三、藤原氏家族掌握日本实权

858 年，日本小皇子清和成为天皇。但是藤原良房一直独揽大权，皇室没有实权。

## 四、爱丁顿战役

阿尔弗雷德是韦塞克斯国王，丹麦的维京人一直觊觎韦塞克斯。878 年，阿尔弗雷德击溃了伺机进犯的维京人。

**882 年** 诺夫哥罗德的奥列格征服基辅，建立基辅公国。

**889 年** 高棉人在吴哥建都。

**897 年** 阿尔弗烈德在海上大败诺曼人。

**900 年** 马扎尔人入侵欧洲。

**920 年** 拜占庭与阿拉伯帝国交战，持续 20 年之久。

## 五、巨人石像之谜

复活节岛上遍布着巨人石像，它们也被称为“摩艾”。这些石像是谁雕刻的？是如何雕刻的？是怎样运输的？这些问题至今仍是个谜。

## 六、宋朝建立

中国唐朝灭亡后，经历了半个世纪的混乱。960年，由宋太祖赵匡胤（yìn）平定四方，建立宋朝。

## 七、开罗建城

969年，法蒂玛王朝统治者入侵埃及，建立新城镇开罗，并迁都于此。

## 八、马默德统治阿富汗帝国

998年，伽色尼王朝统治者马默德继承王位，以文治武功著称，伽色尼发展为帝国。据说在他执政期间，曾对印度进行了17次远征。

**960年** 中国进入宋朝。

**969年** 法蒂玛王朝侵入埃及并定都开罗。

**978年** 弗拉基米尔一世成为基辅大公。

**979年** 中国的宋朝统一南北。

**986年** 红发埃里克发现格陵兰岛，并在此建立殖民地。

# 1000—1200年

## 朱罗艺术

朱罗人居住在印度半岛东南部。富有的朱罗人会请人制作艺术品，这些艺术家制作的青铜器都十分精美。

## 莱夫·埃里克松

莱夫·埃里克松是海盗红发埃里克的儿子。1002年，莱夫·埃里克松从格陵兰岛出发，登上了北美洲大陆。

## 马拉喀什

约1062年，马拉喀什建立，商人们从各地将新奇的商品带回马拉喀什，使这座城市变得十分热闹。

## 《源氏物语》

日本宫廷女官紫式部（约978—1016）著《源氏物语》。

## 高层石屋

1100年，居住在北美洲的阿纳萨人将房子修筑成几层高的石屋。

## 瑞喜宫塔

缅甸蒲甘国王阿奴律陀执政期间，建造了瑞喜宫塔，这也是蒲甘国最古老、最壮观的塔。

## 水运仪象台

苏颂是中国宋代天文学家、天文机械制造家，也是官居宰相的政治家。他曾经制造出一台能够准确观测天体的水运仪象台。

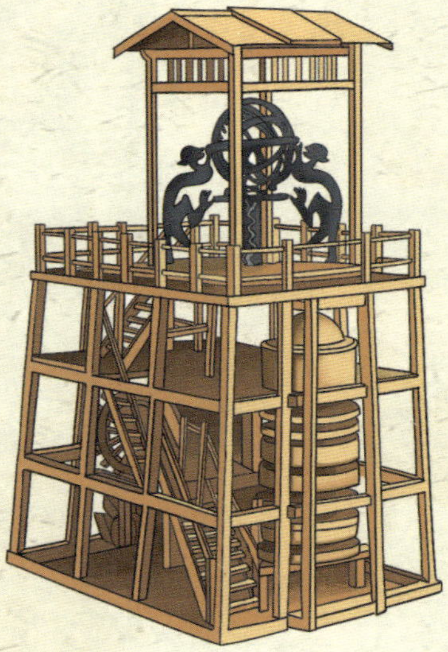

## 征服者威廉

威廉一世征服了英格兰，他执政的大部分时间都在镇压英格兰起义，人们称他为“征服者威廉”。

**1000年**
毛利人定居新西兰。

**1014年**
德国亨利二世远征意大利，击败意大利王，加冕为帝。

**约1016年**
《源氏物语》作者紫式部去世。

**1054年**
罗马教皇与君士坦丁堡大教长发生激烈冲突，东西教会自此分裂。

## 《末日审判书》

1085年，威廉一世下令进行土地调查。翌年编制土地清册（称“末日审判书”）作为征税依据。

## 城堡

西欧中世纪城堡主要供国王与皇室贵族们居住，多由木头或石头建造。

## 萨拉丁

萨拉丁是阿尤布王朝的建立者。他行事果决、为人正直，在抗击十字军东征中表现出杰出军事才能，很受人民尊敬。

## 攻城器具

城堡建立之后，人们想要攻破它是非常困难的。于是，人们发明了专门攻城的器具——投石机。

## 恐鸟

恐鸟是一种大型鸟，体形庞大，身高可达3米。不会飞翔，但奔跑速度极快。毛利人经常捕猎恐鸟，最终导致它们灭绝了。

## 修道院

修道院中住着修士或修女，他们遵循《本笃行》的规章生活与传教。

## 牛津大学

1168年，牛津得到皇室的支持，创办了牛津大学。

## 源赖朝

源赖朝是日本镰仓幕府最高统帅，他架空皇室，独揽大权。



| 1062年 | 1065年 | 1066年 | 1085年 | 1088年 |
| --- | --- | --- | --- | --- |
| 柏柏尔人进入马拉喀，建立穆拉比特帝国。 | 塞尔柱人入侵小亚细亚。 | 黑斯廷斯战役。诺曼底公爵威廉战胜英军，建立诺曼王朝。 | 英王威廉下令开始土地调查。 | 意大利波伦亚大学创建。 |

# 年代大事记

## 一、毛利人定居新西兰

约1000年，一群毛利人乘风破浪来到了新西兰，并在此定居。

## 二、拉金德拉一世统治朱罗王朝

1014年，拉金德拉一世统治南印度朱罗王朝，他在首都坦贾武尔修建了一座庙城，十分华丽，可供数百人居住。



**1088年** 博洛尼亚大学创立。

**1095年** 第一次十字军东征。

**1098年** 罗马天主教修道士修会西多会建立。

**约1100年** 加纳帝国衰落。

**1104年** 英王亨利一世率兵入侵诺曼底。

## 三、黑斯廷斯战役

1066 年，黑斯廷斯战役爆发，诺曼底公爵威廉击败了英格兰国王哈罗德二世，占领了英格兰。

## 四、曼齐刻尔特战役

1071 年，一路从中亚南下的塞尔柱人，在曼齐刻尔特战役中击溃了拜占庭帝国的军队，并虏获了拜占庭皇帝。

## 五、十字军占领耶路撒冷

1095 年，教皇发动十字军运动。1099 年，十字军占领了耶路撒冷。

## 六、南宋建立

1127 年，中国的游牧民族推翻了北宋王朝的统治，康王赵构逃走，后来建立了南宋政权。

## 七、哈丁战役

1187 年，萨拉丁在哈丁战役中击败了十字军，随后占领了耶路撒冷。

| 1127 年 | 1174 年 | 1180 年 | 1187 年 | 1192 年 |
|---|---|---|---|---|
| 中国南宋建立。 | 萨拉丁建立阿尤布王朝，成为埃及最高统治者。 | 巴黎卢浮宫始建。 | 萨拉丁在哈丁战役中击败十字军。 | 日本源赖朝任征夷大将军，开创镰仓幕府。 |

# 1200—1400年

## 卡俄基亚的生活

生活在密西西比河附近的卡俄基亚人建造了许多长方形的土墩（dūn），并将自己居住的泥巴房建在土墩周围。

## 剑桥大学

1209 年，英国剑桥大学建校，是世界顶尖的学府。

## 穿越沙漠

1228 年，哈夫斯王朝建立，其国人使用骆驼穿越沙漠，与其他国家进行商贸往来。

## 沙特尔主教堂

沙特尔主教堂位于法国沙特尔市，是典型的哥特式建筑。这座宏伟的教堂建于 1194—1250 年，其中最具创意的就是教堂的彩色玻璃玫瑰窗。

## 海上贸易

1241 年，北欧组建汉萨同盟，用以保护商业贸易。汉萨同盟控制了海上贸易，商家都在开放的汉萨口岸进行交易，往来贸易十分兴旺。

## 马穆鲁克艺术品

马穆鲁克帝国是通过丝绸与香料贸易而发展起来的国家，马穆鲁克人擅长手工艺制作。

**1203 年** 北条家族统治日本。

**1206 年** 成吉思汗建立大蒙古国。

**1215 年** 英国国王约翰签署《自由大宪章》。

**1235 年** 松迪亚塔建立马里帝国。

**蒙古骑兵**

蒙古骑兵在作战时会携带弓箭、弯刀、战斧等武器。他们凶猛强悍，擅长游击战，令欧洲人闻风丧胆。

**世界上第一副眼镜**

1290 年，意大利人发明了世界上第一副眼镜。

**《神曲》**

《神曲》是但丁从 1307 年开始创作，至 1321 年才完成的长诗。这首长诗讲述了地狱、炼狱与天堂的一次穿越之旅。

**奥斯曼一世**

奥斯曼一世是奥斯曼帝国的开创者，也是伟大的政治家与军事家。

**火炮**

1324 年，火药的制作方法从中国传入欧洲。自此，欧洲人也在战争中开始使用火炮。

**盔甲**

在百年战争中，战士穿着铁制的盔甲。一件盔甲大约由 5 万个铁链制成，重量约 20 斤。

**帖木儿**

帖木儿自称是成吉思汗的后裔，自封撒马尔罕皇帝。帖木儿率领族人征服了波斯、伊拉克、叙利亚及俄罗斯部分地区，还曾洗劫德里。

**长弓**

威尔士人的长弓射程可达 180 米。在克雷西战役中，英格兰人就是利用这种长弓获得了胜利。

**印加人的服装**

服装能够直接反映出印加人的地位，印加统治者的服饰通常会镶嵌黄金和鲜艳的羽毛。



**1241 年**
汉萨同盟组成。

**1242 年**
蒙古人拔都建钦察汗国，定都萨莱。

**1250 年**
马穆鲁克建立军事帝国。

**1260 年**
忽必烈继承大蒙古国汗位，迁都大都（今北京）。

**1271 年**
马可·波罗前往中国。

# 年代大事记

## 一、成吉思汗的统治

1206 年，铁木真统一蒙古各部族，被尊称为“成吉思汗”。

## 二、约翰国王签署《自由大宪章》

英国贵族为了限制国王的权力，起草了《自由大宪章》。1215 年，在数次讨论无果后，他们强迫约翰国王盖章。

## 三、马可·波罗到达中国

1271 年，马可·波罗前往亚洲，途经波斯、中亚等地，最终来到中国。忽必烈热情地接待了他，并在马可·波罗离开时，送给他许多珍贵的珠宝。

**1289 年** 埃及苏丹攻克的黎波里，至此，十字军国家全被消灭。

**1290 年** 意大利人发明眼镜。

**1299 年** 奥斯曼帝国建立。

**1314 年** 英格兰与苏格兰班诺克本战役爆发。

**1324 年** 火药从中国传到欧洲。

## 四、“神风”拯救日本

1281 年，忽必烈派15 万大军征讨日本。不料台风来袭，元兵死伤惨重。日本人称这次台风为“神风”。

## 五、奥斯曼帝国建立

约1300 年，蒙古的统治力逐渐衰弱，奥斯曼人便趁机建立了奥斯曼帝国，这个帝国的统治长达600 多年。

## 六、英法百年战争爆发

1337 年，英法就法国的王位问题爆发了战争，这场战争一直持续到1453 年。

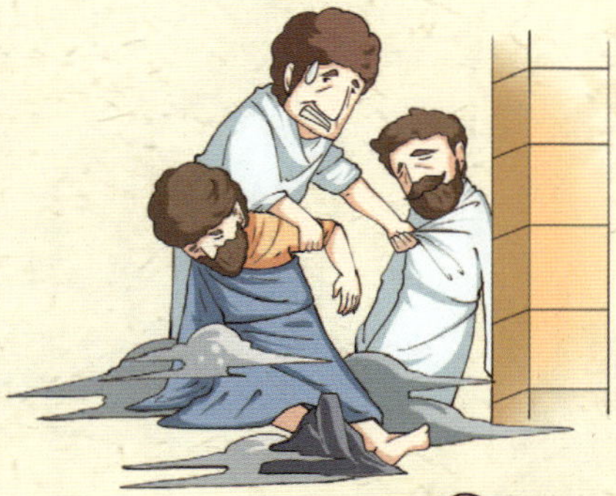

## 七、黑死病爆发

1347 年，淋巴腺鼠疫从拜占庭帝国蔓延到大半个欧洲，这种疾病也被称为“黑死病”。由于当时的医疗条件有限，而且卫生情况堪忧，无数人丧命。

**1325 年** 阿兹特克人建立特诺奇蒂特兰城。

**1337 年** 英法百年战争爆发。

**1347 年** 黑死病横行欧洲。

**1358 年** 法国爆发扎克雷起义。

**1368 年** 中国明朝建立。

# 1400—1500年

## 亨利五世

亨利五世是英格兰的国王，1415 年率军在阿让库尔与法军大战，以少胜多。

## 《永乐大典》

明成祖朱棣命解缙等编辑了大型类书《永乐大典》，此书有 22 877 卷，共计 3.7 亿多字。

## 圣女贞德

贞德原是一位普通的法国农村女孩，笃信天主教。1429 年她带领法国军队与英格兰作战，连获大捷。

## 恩加鲁卡人

恩加鲁卡人生活在乞力马扎罗山西部，住在用泥土、茅草和木材搭建的圆形小屋中。

## 非洲使节

非洲为了保持与各国良好的贸易关系，经常派遣使者携带礼物出使各国。非洲使节也曾经出使中国，并送给明成祖朱棣一只长颈鹿。

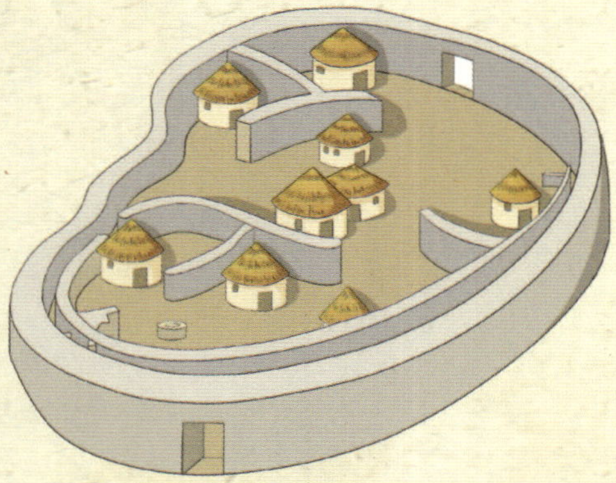

## 石屋

1450 年，大津巴布韦发展到鼎盛时期。人们修建了许多巨大的石墙，并在石墙内修建石屋，用以居住和生活。

## 贸易中心

非洲的资源非常丰富，有黄金、铜、盐等天然资源。廷巴克图与杰内是 15 世纪非洲的主要贸易城市。

## 郑和宝船

中国明朝时期的造船业非常发达，郑和的船队由多种船型组成，被统称为“郑和宝船”。



**约 1400 年** 普韦布洛人开始聚居城中。

**1402 年** 安卡拉战役，帖木儿打败奥斯曼人。

**1403 年** 中国开始编纂《永乐大典》。

**1405 年** 郑和开始率领船队下西洋。

**鹰武士**

阿兹特克人非常崇拜鹰，他们认为鹰象征着勇气。所以，他们将鹰的形象融入雕塑中。

**印加黄金**

居住在安第斯山脉的奇穆人善于手工制作，奇穆王国灭亡之后，印加人将奇穆工匠带到自己的家园，让他们制作黄金艺术品。

**穆罕默德二世**

穆罕默德二世是奥斯曼帝国的君主，他为人豁达，统治能力极强。在他的带领下，奥斯曼帝国终结了拜占庭帝国的统治。

**佛罗伦萨大教堂**

佛罗伦萨大教堂由布鲁内莱斯基设计，于1436年修建完成，是文艺复兴时期的建筑代表作。

**维鲁巴克沙神庙**

毗（pí）奢耶那伽罗曾经是印度一个王国的都城，有人描述它是一座无与伦比的城市，在这座城市中，维鲁巴克沙神庙尤为壮观。

**香料之旅**

1497年，瓦斯科·达·伽马从欧洲航行到印度，在这里，他得到了丰富的香料。在那个时代，香料是许多航海家漂洋过海的目的。

**印刷机的文明**

1455年，德国的发明家约翰内斯·古登堡发明了印刷机。印刷机的发明加速了知识的传播。

**《古登堡圣经》**

印刷机发明之后，古登堡第一本印出的书就是拉丁语版本的《圣经》。



**1415年** 英法阿让库尔战役。

**1419年** 捷克人民反对外来侵略，举行武装起义。

**1421年** 永乐帝迁都北京。

**1429年** 贞德在奥尔良围攻中击败英军。

# 年代大事记

### 一、阿让库尔战役

1415 年，在百年战争期间，英军与法军在阿让库尔交战。英军大获全胜，并占领了诺曼底。

### 二、紫禁城

中国明朝永乐年间，明成祖朱棣开始在北京建造紫禁城。

### 三、世宗统治朝鲜

1419 年，李祹（táo）成为朝鲜国王，即朝鲜世宗。他崇尚学术，创制了朝鲜文。

### 四、郑和下西洋

明成祖派郑和率领船队先后 7 次下西洋。郑和下西洋为中西文化交流做出了贡献，也展现了明朝的威德。

**约 1430 年**
基卢瓦苏丹开始建筑计划。

**1431 年**
郑和第七次下西洋。

**1431 年**
暹罗攻占真腊首都吴哥城。

**1438 年**
印加帝国建立。

## 五、文艺复兴

15 世纪初，意大利的许多艺术家受到古典艺术的启发，创作出许多优秀作品，欧洲逐渐进入“百花齐放”的艺术创作时期。

## 六、印加帝国

印加人的先祖生活在秘鲁。1438 年，帕查库提将其发展为印加帝国。

## 七、拜占庭帝国灭亡

1453 年，千年古国拜占庭帝国被奥斯曼帝国攻占，君士坦丁堡的陷落标志着拜占庭帝国的灭亡。

## 八、玫瑰战争

玫瑰战争是两个英国贵族家庭之间的战争。最后，亨利・都铎（duó）杀死了理查三世，创建了都铎王朝。

## 九、哥伦布横渡大西洋

克里斯托弗・哥伦布从西班牙出发，向西远航。他穿越了大西洋，最终登陆了美洲的巴哈马群岛。

**1438 年** 奥地利合并于神圣罗马帝国。

**1449 年** 足利义政统治日本。

**1450 年** 大津巴布韦发展鼎盛。

**1453 年** 英法百年战争结束。

**1453 年** 拜占庭帝国灭亡。

# 年代文化

## 景德镇瓷器

中国景德镇制作的瓷器如玉般透白、如纸般轻薄，是中国优质瓷器的代表。约1460 年，明朝就已经将景德镇的瓷器出口海外了。

## 奇普

印加人用一种特殊的方式对数字、历史等进行记录。他们用一条打结的绳子加上一种名叫“奇普”的能够打结的东西来记录不同的信息。

## 德西德里乌斯·伊拉斯谟

德西德里乌斯·伊拉斯谟是尼德兰人，他是用纯正拉丁文写作的古典学者，引领了新人文主义运动。

**1455 年** 德国古登堡发明印刷机。

**1456 年** 奥斯曼军队围攻匈牙利要塞贝尔格莱德，落败而退。

**约 1460 年** 中国景德镇陶瓷出口国外。

**1462 年** 桑尼·阿里成为桑海国的统治者。

**1479 年** 西班牙阿拉贡与卡斯蒂利亚合并。

## 文坛三杰

文艺复兴时期，意大利最伟大的诗人但丁、人文主义之父彼特拉克以及民族文学奠基人薄伽丘，被称为“文坛三杰”。

## 长城

长城是中国古代第一军事工程，始建于公元前 221 年。随后，各朝各代都在为这项千古工程添砖加瓦。明朝统治期间，也对长城进行了修缮，并最终呈现出惊艳世人的“万里长城”。



**1482 年** 葡萄牙人发现刚果河的河口。

**1485 年** 英国都铎王朝建立。

**1487 年** 迪亚士远航非洲南部沿海。

**1488 年** 中国明朝皇帝下令修建长城。

**1492 年** 哥伦布到达美洲。

# 1500—1600年

## 波斯地毯

萨法维王朝的工人们用织布机编织出有动物、花朵等复杂图案的地毯，这种地毯在欧洲非常受欢迎。

## 发现巴西

1500 年，葡萄牙航海家卡布拉尔在驶向印度的旅途中，偶然发现了巴西海岸。

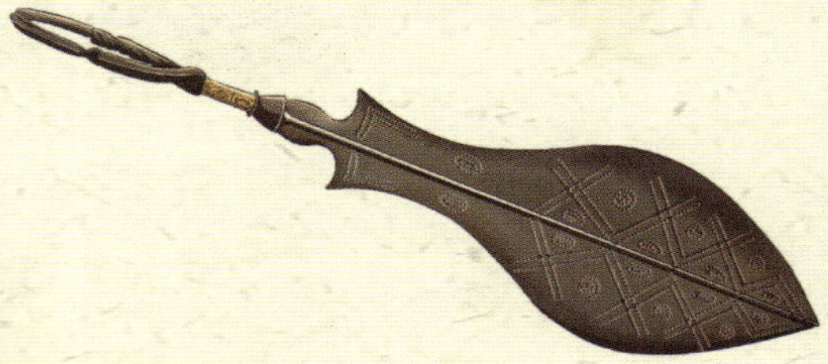

## 西非艺术品

16 世纪的西非艺术品主要有雕刻品、饰品、象牙制品、编织品和武器等。

## 杰内

杰内是非洲很重要的贸易城市之一，被誉为“尼日尔河谷的宝石”。

## 屋顶壁画

西斯廷教堂的屋顶壁画是由艺术家米开朗琪罗绘制的，他用了 4 年时间才完成这幅杰作。

## 苏莱曼一世

苏莱曼一世是奥斯曼帝国最杰出的君主，在他统治期间，奥斯曼帝国拓展疆域，欧洲人称他为“奥斯曼大帝”。

## 圣彼得大教堂

1506—1626 年，圣彼得大教堂迎来了长达 120 年的重修，这期间由拉斐尔、米开朗琪罗等人对教堂穹（qióng）顶进行设计、施工。

## 哥白尼的《天体运行论》

《天体运行论》是凝聚哥白尼一生心血的科学巨著，书中明确了“日心说”的观点，打破了教会一直坚持的“地心说”。



**1500 年** 航海家发现巴西海岸。

**1501 年** 波斯人建立萨法维王朝。

**1502 年** 哥伦布第四次航海。

**1506 年** 圣彼得大教堂开始修建。

**1517 年** 奥斯曼人征服埃及。

## 瓦西里升天教堂

瓦西里升天教堂是伊凡四世为纪念自己战胜喀山汗国而修建的，也是俄罗斯的地标性建筑。

## 伊丽莎白一世

伊丽莎白一世执政后，恢复了新教信仰。她终身不婚，为人十分谨慎，被人们称为“荣光女王”。

## 阿拔斯一世

阿拔斯一世是萨法维王朝的统治者，他眼界开阔，杀伐果断，被人们尊称为“阿拔斯大帝”。

## 淘金之旅

16 世纪，许多冒险家乘风破浪地来到美洲淘金。不幸的是，很多人命丧途中。

## 雅克·卡蒂埃发现加拿大

1534 年，一位名叫雅克·卡蒂埃的法国航海家发现了加拿大的贝尔岛海峡。

## 发现新食物

16 世纪，欧洲航海家在美洲登陆后，发现了许多没有见过的食物，如菠萝、土豆、西红柿、辣椒、红薯等，他们将这些食物带回了欧洲。

## 威廉·莎士比亚

威廉·莎士比亚是英国伟大的作家。他的许多剧作至今仍被奉为经典，如《罗密欧与朱丽叶》《哈姆雷特》《仲夏夜之梦》等。

## 珍贵的结婚礼物

亨利四世与瓦卢瓦的玛格丽特结婚时，巴黎市赠送给他们一件非常珍贵的礼物：一把镶嵌着珍珠母的黄金匕首。



| 1519 年 | 1519 年 | 1521 年 | 1526 年 | 1527 年 |
|---|---|---|---|---|
| 麦哲伦进行环球航行。 | 莱昂纳多·达·芬奇去世。 | 西班牙殖民者征服阿兹特克帝国。 | 莫卧儿帝国建立。 | 神圣罗马帝国统治者洗劫罗马。 |

# 年代大事记

## 一、萨法维王朝建立

1501 年，沙阿伊斯迈尔征服了大不里士、波斯以及伊朗部分地区，并建立了萨法维王朝。

## 二、宗教改革

1517 年，由马丁·路德领导的宗教运动在德国爆发。

## 三、阿兹特克帝国灭亡

1519年，西班牙探险家埃尔南·科尔特斯来到了阿兹特克帝国，国王蒙特祖马二世热情地接待了他。不料，科尔特斯联合邻国入侵阿兹特克帝国，并杀害了蒙特祖马二世。1521 年，阿兹特克帝国灭亡。

## 四、奥斯曼帝国的黄金时期

苏莱曼一世统治期间，奥斯曼帝国进入蓬勃发展的黄金时期，此时的奥斯曼帝国是名副其实的世界强国。

## 五、麦哲伦之死

1521 年，航海家麦哲伦抵达菲律宾群岛。在与当地岛民的冲突中，麦哲伦被杀死。

**1530 年** 葡萄牙和西班牙殖民者开始在美洲大规模开采和掠夺白银。

**1532 年** 西班牙殖民者皮萨罗等俘获印加帝国皇帝，大肆劫掠黄金。

**1534 年** 英王亨利八世自封为教会的最高领袖。

**1543 年** 哥白尼《天体运行论》发表。

**1547 年** 伊凡四世加冕为沙皇。

## 六、日本开始统一

从16世纪初，日本就进入了内战状态，致使国力衰弱。直到1568年，织田信长（cháng）夺取了京都，日本才开始有了统一的迹象。

## 七、荷兰独立战争

荷兰独立战争又称八十年战争，于1568年爆发，至1648年结束。这场战争的结局是西班牙承认荷兰独立。

## 八、勒班陀海战

1571年，为了争夺贸易路线与城市的控制权，奥斯曼帝国与威尼斯、西班牙及罗马教皇组成的“神圣同盟联合舰队”爆发战争。双方在勒班陀湾进行海战，最终联军获得胜利。

| 1568年 | 1569年 | 1571年 | 1592年 | 1598年 |
|---|---|---|---|---|
| 荷兰独立战争爆发。 | 波兰王国与立陶宛大公国合并。 | 勒班陀海战爆发。 | 日本丰臣秀吉发兵侵略朝鲜。 | 法王亨利四世签署《南特赦令》。 |

# 1600—1700年

**象牙贸易**

17世纪，卡隆加王国通过大量捕杀大象，进行象牙贸易，获得财富。

**德川家康**

1603年，日本德川家康任征夷大将军，开始德川幕府统治。随后，他将幕府迁至江户。

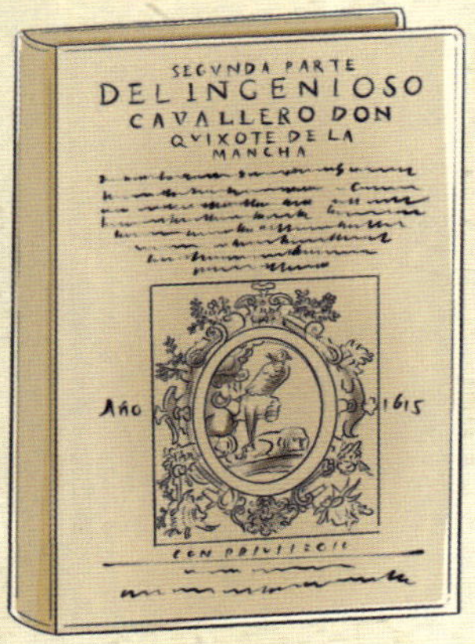


**《堂吉诃德》**

1605年，西班牙作家塞万提斯的小说《堂吉诃德》出版，小说描写了堂吉诃德幻想出的冒险之旅。

**魁（kuí）北克**

1608年，法国移民者在加拿大创建了魁北克城。1833年设市。

**奴隶的生活环境**

在贩奴船上，环境极为恶劣，奴隶们挤在狭小的船舱中，被拴着铁链，食物与水经常供给不足，许多人在途中死去。

**古斯塔夫二世·阿道夫**

古斯塔夫二世·阿道夫1611年继任瑞典国王，是杰出的改革家与军事家，被称为“北方雄狮”。

**感恩节**

“五月花”号上的移民者抵达美洲后，那些原住居民教会他们如何种植作物。于是，这些移民者在作物丰收后便设立了感恩节，表达对原住居民的谢意。

**移民生活**

移民到美洲的人盖起简易的房屋，饲养火鸡，并将烟草和农作物出口到英国。



| 1600年 | 1600年 | 1605年 | 1608年 | 1609年 |
|---|---|---|---|---|
| 日本爆发关原之战。 | 英国东印度公司成立。 | 《堂吉诃德》出版。 | 法国移民者建立魁北克城。 | 伽利略印证了“日心说”的正确性。 |

## 浮世

在日本江户时代，富人们会请乐师、艺伎、演员等为他们表演，这些消遣方式统称为“浮世”。

## 郁金香热潮

17 世纪，郁金香在荷兰风靡一时，价格也一度暴涨。

## 勒内·笛卡尔

勒内·笛卡尔是法国著名的哲学家，也是西方现代哲学的奠基人。

## 泰姬陵

泰姬陵是莫卧儿皇帝沙·贾汗为他的妻子修建的陵墓。泰姬陵的细节十分考究，被称为“完美建筑”。

## 查理二世

英王查理一世被处死后，他的儿子查理二世流亡国外。1660 年回国，次年加冕为国王。1679 年他签署“人权保护法”。

## 凡尔赛宫

凡尔赛宫是法王路易十四修建的古典主义风格的宫殿，采用巴洛克建筑风格。有趣的是，凡尔赛宫内镜廊是路易十四为了监视贵族而设置的。

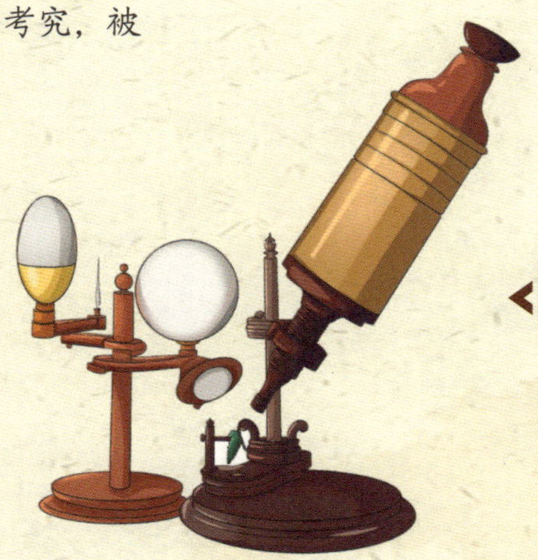

## 显微镜

1665 年，英国科学家罗伯特·胡克用他自制的显微镜观察跳蚤，并为之画像。

## 计算器

德国数学家莱布尼兹制造了机械计算器，这是第一台能够进行加、减、乘、除运算的计算器。

## 艾萨克·牛顿

1687 年，艾萨克·牛顿出版《自然哲学的数学原理》。牛顿在该书中阐述了万有引力定律。



**1611 年** 古斯塔夫二世·阿道夫统治瑞典。

**1613 年** 米哈伊尔成为沙皇，开始罗曼诺夫王朝统治。

**1618 年** 欧洲三十年战争爆发。

**1620 年** “五月花”号到达美洲。

**1625 年** 胡果·格劳秀斯发表《战争与和平法》。

# 年代大事记

## 一、关原之战

1600年，德川家族与反叛的诸侯在关原爆发战争。德川家族获得最后的胜利，从此，日本进入江户时代。

## 二、“日心说”

意大利天文学家伽利略通过观测，确定了地球与其他行星一样围绕太阳转动。伽利略的观测结果有力地支持了哥白尼的《天体运行论》。

## 三、贩卖奴隶

欧洲殖民者在非洲猎获黑人贩卖到北美殖民地为奴隶，强迫他们在种植园从事繁重的工作。

## 四、三十年战争

1618年，三十年战争爆发，这原本是神圣罗马帝国的一场内战，最后却演变成了几乎波及欧洲全境的大规模混战。

**1626年** 荷兰人建立新阿姆斯特丹（今纽约）。

**1628年** 英国科学家哈维发表人体血液循环学说。

**1632年** 伽利略名著《关于托勒密和哥白尼两大世界体系的对话》问世。

**1632年** 沙·贾汗开始修建泰姬陵。

**1640年** 葡萄牙独立。

## 五、“五月花”号登陆美洲

1620年，搭载着102名移民者的“五月花”号帆船自英国出发前往美洲。到达美洲后，几乎一半的人因为寒冷死去，幸得原住民印第安人的帮助，剩下的人才能够活下来。

## 六、英国内战

1642年，英国国王查理一世与议会决裂，英格兰与苏格兰爆发战争。英国内战以支持议会的英格兰战胜支持国王的苏格兰告终，查理一世被议会判处死刑。

## 七、清军入京

1644年，李自成率领起义军攻入北京，明朝灭亡。同年，清军入关打败起义军，占领北京，顺治皇帝登基称帝。

## 八、纽约的诞生

1626年，荷兰人从印第安人手中买下了曼哈顿岛，将其改名为新阿姆斯特丹。1664年，英国人接管了这座岛，将其改名为纽约。

## 九、伦敦大火

1666年，伦敦的一家面包店失火，大火瞬间蔓延了整个伦敦，导致旧城区的许多建筑被烧毁。

## 十、《尼布楚条约》签订

清朝时期，沙皇俄国一直进犯中国边境。在康熙帝的带领下，中国打败了入侵者，并与沙皇俄国签订了《尼布楚条约》。



**1640年** 英国资产阶级革命爆发。

**1641年** 荷兰人占领马六甲。

**1643年** 意大利人托里拆利发明气压计。

**1644年** 中国清军入关。

**1648年** 英国在巴哈马建立殖民点。

# 年代文化

### 武士头盔

日本武士的铠甲多种多样，在武士盛行时期，他们是被允许带刀的。武士的头盔也形态各异，其中不乏一些极为夸张的造型。

### 米哈伊尔·罗曼诺夫

1613 年，俄罗斯结束了皇室纷争的无主状态，16 岁的米哈伊尔·罗曼诺夫被选为沙皇。米哈伊尔虽然性格懦弱，但在他的治理下，俄国发展得十分繁荣。

### 伽利略望远镜

伽利略得知荷兰人发明了一种能够看见远处景色的“奇异镜”，他便在此基础上发明了自制的“望远镜”。伽利略通过自制望远镜观测到了月球、土星等天体。



**1649 年** 日本确立幕藩体制。

**1654 年** 荷兰人被葡萄牙驱逐出巴西。

**1655 年** 英国人占领牙买加。

**1663 年** 法王路易十四推行重商主义政策。

**1664 年** 新阿姆斯特丹改名为“纽约”。

## 咖啡馆的盛行

17 世纪，咖啡通过各种渠道传入欧洲，在英国与法国非常受欢迎。因此，咖啡馆应运而生，并成为人们谈天说地、品尝咖啡的场所。

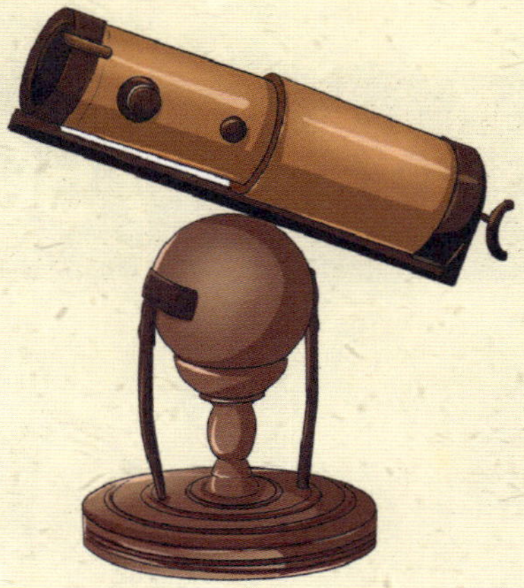

## 康熙帝

爱新觉罗·玄烨，中国清朝皇帝，年号“康熙”。他 8 岁登基，在位长达61 年。他生擒鳌拜、恢复内阁、平定三藩、力挫沙俄、三征噶尔丹……康熙帝奠定了清朝盛世的根基，是中国历史上非常有作为的皇帝。

## 反射望远镜

1670 年，牛顿制作了一架反射望远镜。这架望远镜的工作原理是通过凹透镜将光线聚集到一点，以便进行观测活动。

**1667 年**
俄国斯杰潘·拉辛起义。

**1678 年**
亨内平神父发现尼亚加拉大瀑布。

**1679 年**
英格兰颁布《人身保护法》。

**1685 年**
法国废除《南特敕令》。

**1689 年**
中俄签订《尼布楚条约》。

# 1700—1750年

**条播机**

英国人杰思罗·塔尔发明了木制条播机。这种条播机能够直线播种，也更省种子。

**柏柏尔文化**

18 世纪，阿尔及利亚内陆的柏柏尔人制作的手工艺品十分精美。

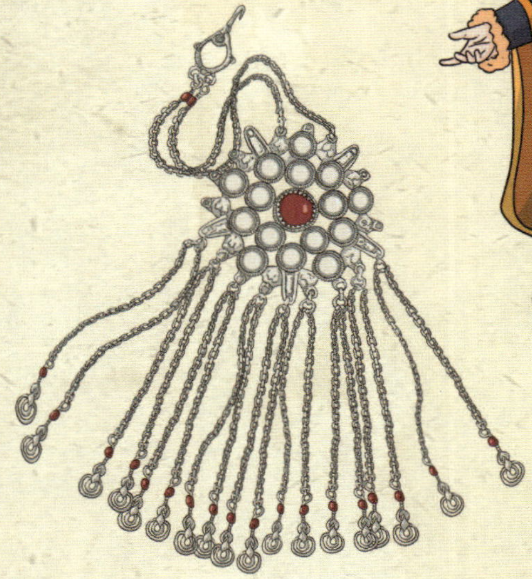

**彼得大帝**

彼得大帝是一位改革家，为了富国强兵，他曾在西欧学习先进知识。在彼得大帝执政期间，俄国在各个领域都有了飞跃性的进步。

**斯式琴**

世界上最好的小提琴是由意大利人安东尼奥·斯特拉迪瓦里制作的，也被称为“斯式琴”。

**奥朗则布**

奥朗则布是莫卧儿帝国的第六位君主，他在位 48 年，是一位令人敬畏的统治者。奥朗则布执政期间，莫卧儿帝国的版图一度延伸到了印度南部。

**水银温度计**

1714 年，德国发明家华伦海特发明了有标准刻度的水银温度计。

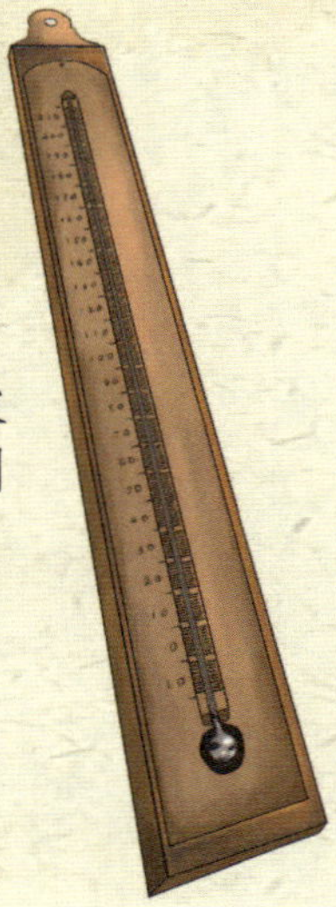

**忍者**

忍者是对古代日本从事间谍与刺客职业者的一种称谓。日本内战期间，许多领主都雇佣忍者进行暗杀活动。

**总督**

1717 年，西班牙国王派遣总督管理南美洲的新格拉纳达。

**1701 年**
奥赛·图图在非洲加纳建立阿散蒂王国。

**1703 年**
彼得大帝创建圣彼得堡。

**1705 年**
侯赛因·伊本·阿里摆脱土耳其控制，在突尼斯建立王国。

**1707 年**
奥朗则布去世，印度莫卧儿帝国走向衰落。

## 腓特烈大帝

腓特烈是一位军事天才，在艺术方面也很有造诣。腓特烈大帝执政期间，普鲁士发展成了一个强国。

## 奴隶起义

加勒比地区的黑奴每天从事着繁重的体力劳动，疾病、饥饿与虐待导致很多人死去，忍无可忍的奴隶们自 18 世纪 30 年代起不断起义。

## 有趣的枕头

卢巴人使用的木枕很有趣，将枕头雕琢成一对面对面的男女，极具艺术感。

## 轮作法

人们摒弃农田三年一休耕的方式，选择在农田上种植不同的作物来提高产量，这种耕种方法叫作“轮作法”。

## 玉玺

玉玺是中国皇帝使用的印章，也是身份的象征。

## 伏尔泰

伏尔泰是法国的哲学家、文学家。他精通多门语言，极具哲学思维，在启蒙运动中具有举足轻重的地位。他的代表作有《形而上学论》《哲学通信》等。

## 卡尔·林奈

瑞典动植物学家卡尔·林奈是首位将动植物进行分类的人。



**1713 年** 俄国从莫斯科迁都彼得堡。

**1715 年** 法国占领毛里求斯岛。

**1715 年** 北美雅马西人反抗英国殖民统治。

**1717 年** 法国成立西方公司，开发美洲殖民地路易斯安那。

**1718 年** 法国殖民者设立新奥尔良市。

# 年代大事记

## 一、自由的国度

奥赛·图图原是阿散蒂的首领，1701 年建立了自由、强盛的阿散蒂王国。

## 二、圣彼得堡

1703 年，彼得大帝在波罗的海沿岸建立了一座全新的城市，并将其命名为“圣彼得堡”。

## 三、加勒比海盗

18 世纪，海盗猖獗，从加勒比海行经的珍宝船成了海盗觊觎的目标。当时的海盗人数多达 2000 余人，其中非常有名的就是英国海盗“黑胡子”。



- **1720 年** 英国南海公司倒闭。
- **1721 年** 罗伯特·沃波尔成为英国首相。“首相”名称自此始。
- **1721 年** 俄国与瑞典的“北方战争”结束。
- **1724 年** 彼得大帝建立科学院。
- **1727 年** 摩洛哥进入无政府状态。

## 四、布莱尼姆宫

布莱尼姆宫是英国园林建筑的代表作，由约翰·范布勒建造。这座宫殿是英格兰女王作为赢得布伦海姆战役的奖励送给约翰·丘吉尔的。

## 五、发现复活节岛

1722年，荷兰探险家雅各布·罗赫芬在太平洋东部发现了一座岛屿，这天恰好是复活节，于是，他将这座岛屿命名为“复活节岛”。

## 六、弗勒里拯救法国

1726 年，路易十五任命弗勒里为首席大臣。弗勒里扭转了法国混乱的政局，使国家变得安定。

## 八、启蒙运动

启蒙运动始于 17 世纪末，其宗旨是“敢于求知”。当时的哲学家们提出了许多关于政治、人生、宗教信仰的想法。这场运动影响了整个欧洲。

## 九、科学的进一步发展

启蒙运动让哲学家们受到了思想的洗礼，使知识变得更具实用价值，科学也在此基础上得以进一步发展。

## 七、乾隆皇帝继位

1735年，中国乾隆皇帝继位。乾隆皇帝致力于发展经济文化，推动多民族国家的统一，奠定了近代中国的版图。

**1727 年**
欧洲人在巴西种植咖啡树。

**1729 年**
中国皇帝雍正设立军机处。

**1736 年**
秘鲁雨林中发现天然橡胶。

**1739 年**
波斯纳迪尔汗入侵印度，割占印度河以西领土。

# 1750—1800年

### 雷电实验

1752 年，美国科学家富兰克林在雷雨中通过风筝实验，证明了雷电是电的一种存在形式。

### 二氧化碳的发现

1754 年，苏格兰化学家约瑟夫·布莱克证明了二氧化碳的存在。

### 《社会契约论》

1762 年，卢梭出版了《社会契约论》，书中强调了“主权在民”的思想。

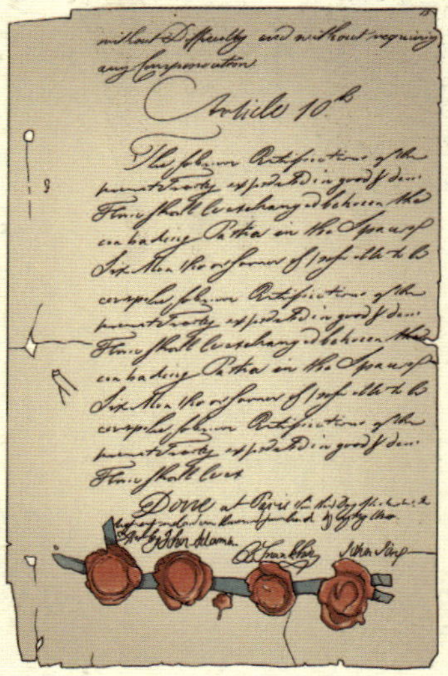

### 《巴黎条约》

1763 年，英国、法国、西班牙及葡萄牙在法国巴黎签订了《巴黎条约》，结束“七年战争”。

### 莫扎特

莫扎特从小就显现了杰出的音乐才能。8 岁那年，他就创作出了人生中第一支交响曲。令人惋惜的是，莫扎特 35 岁便离世了。他为后世留下了几乎涵盖当时所有类型的不朽音乐作品，堪称音乐界的旷世奇才。

### 兴建工厂

工业革命开始后，欧洲的工厂越来越多，厂房里每天排出大量浓烟，工人们不得不在肮脏的环境中工作。

### 马戏团

英国的菲利普·阿斯特利本是一名骑师。1768 年，他在马术表演中加入了杂技、戏法等元素，第一个马戏团由此诞生了。



**1752 年** 富兰克林做“闪电实验”。

**1753 年** 英国不列颠博物院成立。

**1754 年** 西班牙教会脱离罗马教廷。

**1755 年** 开普敦暴发天花。

## 改良蒸汽机

1776 年，詹姆斯·瓦特改造了蒸汽机，提高了蒸汽机的效率。

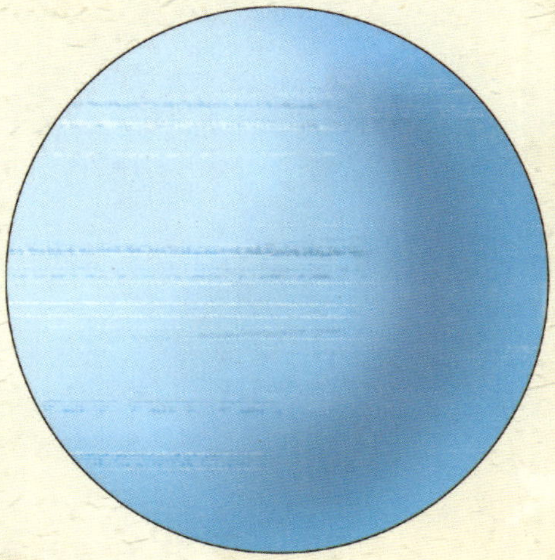

## 天王星

1781 年，英国天文学家威廉·赫歇尔通过自制的望远镜观测到了天王星。

## 拉基火山爆发

1783 年，冰岛的拉基火山爆发。这场灾难导致农作物被摧毁，牲畜被烧死，并造成了严重的饥荒。

## 热气球

1783 年 11 月，法国蒙戈尔费埃兄弟使用自制的热气球实现了载人飞行。

## 登上勃朗峰

1786 年，两名法国人在没有依靠绳索和冰镐（gǎo）的情况下，登上了阿尔卑斯山勃朗峰的山顶。

## 美国宪法

1787 年，美国 13 个州的代表制定了国家运行的规章制度，被称为“美国宪法”。

## 乔治·华盛顿

美国政治家、军事家、革命家。曾领导美国独立战争，任陆海军总司令。1789 年就任美国第一任总统。

**1755 年**
里斯本发生大地震。

**1756 年**
七年战争爆发。

**1757 年**
普鲁士在罗斯巴赫战役中大败法国与神圣罗马帝国联军。

**1759 年**
英军在魁北克战胜法军，法属加拿大所有权转归英国。

# 年代大事记

## 一、哈雷彗星归来

天文学家埃德蒙·哈雷通过观测，确定历史上曾经出现过三次的彗星均为同一颗，并预测这颗彗星于1758年会再次出现。1758年，当这颗彗星划破长空时，人们欢呼雀跃，并将它命名为“哈雷彗星”。

## 二、里斯本大地震

1755年11月1日，一场大地震袭击了里斯本。地震引起了海啸，近4万名居民在这场灾难中丧生。

## 三、七年战争

普鲁士国王腓特烈二世为了争夺土地，与俄国、奥地利展开了战争。战火越烧越旺，甚至波及了北美洲和印度。

## 四、魁北克战役

1759年，驻在北美的英国军队对法军进行突袭，并赢得了胜利，英国占领了魁北克的军事要塞。

## 五、凯瑟琳大帝成为女皇

1762年，凯瑟琳大帝取代丈夫彼得三世，成为俄国女皇。她在位期间，沙皇俄国扩张疆土、改革政府、发展经济，成为一个强大的国家。

## 六、波士顿倾茶事件

1773年，北美波士顿城居民将港内英船上的茶叶全部倾入水中，以此抗争英国政府出台的茶叶贸易垄断和征税法令。

## 七、美国独立战争

1775年，美国13个殖民地人民联合起来抗争英国的统治，并于次年联合签署了《独立宣言》。

## 八、法国大革命

1789年，巴黎骚乱达到了高潮，民众攻向巴士底狱，宣告了法国大革命的爆发。这次革命彻底推翻了法国的封建专制。

| 1762年 | 1763年 | 1765年 | 1770年 | 1773年 |
| --- | --- | --- | --- | --- |
| 英国占领法属马尼拉。 | 《巴黎条约》签署，“七年战争”结束。 | 英国向北美殖民地收取印花税。 | 西班牙人登陆复活节岛。 | 波士顿倾茶事件。 |

## 九、路易十六死刑

1793 年，法王路易十六被革命者指控叛国，随后被判处死刑。

**1775 年**
美国独立战争爆发。

**1783 年**
沙皇俄国吞并克里米亚。

**1785 年**
瓦特制成改良蒸汽机，并用作纺织机的动力。

**1789 年**
法国大革命爆发。

**1799 年**
拿破仑政变，争取政权。

# 1800—1850年

## 伏特电堆

伏特是意大利科学家，他做过许多电学实验。1800 年，伏特发明了“伏特电堆”。

## 拿破仑·波拿巴

拿破仑·波拿巴，军事家、统帅，法兰西第一帝国皇帝。他的一生充满了传奇色彩。

## 废奴运动

1807 年，威廉·威尔伯福斯为了让奴隶恢复自由的生活，一直在英国议会奔走。在他的努力下，奴隶贸易终于被废止。

## 委内瑞拉独立

1811 年，在西蒙·玻利瓦尔的带领下，委内瑞拉成为南美洲第一个摆脱殖民统治的地区。

## 《格林童话》

雅各布·格林与威廉·格林是一对兄弟。1812 年，他们出版了《格林童话》。

## 维也纳会议

1814 年，拿破仑兵败后，欧洲各国代表在维也纳召开了会议，重新划分了各国的边界。

## 听诊器

1816 年，一名法国医生用木筒制成了世界上最早的听诊器。

## 新加坡的建立

1819 年，英国人托马斯·斯坦福·莱佛士与马来官员达成协议，取得了新加坡的所有权，并建立了新的港口城市。

## 伊利运河

1817 年，伊利运河开始施工，于 1825 年实现全线通航。伊利运河是连通北美五大湖和大西洋的重要航道。



**1800 年** 意大利科学家伏特发明直流电源（“伏特电堆”）。

**1801 年** 托马斯·杰斐逊成为美国总统。

**1803 年** 美国购买了路易斯安那。

**1804 年** 英格兰出现油灯。

**1804 年** 拿破仑称帝。

## 《弗兰肯斯坦》

《弗兰肯斯坦》被认为是世界上最早的科幻小说，书中描写了一名化学家意外制造出一个怪物的故事。

## 迈克尔·法拉第

迈克尔·法拉第是个物理奇才，在几乎没有受过正规教育的情况下，他成了当时最有影响力的科学家。

## 南极大陆

1820 年，俄国探险家别林思豪森第一个踏足南极大陆冰架。

## 第一张照片

1826 年，法国人约瑟夫·尼埃普斯拍摄了一张名为《窗外的庭院》的照片，这是世界上第一张照片。

## 路易·巴斯德

法国化学家路易·巴斯德证明了细菌会引起疾病。同时，他也是狂犬病疫苗的发明者。

## 《讲给孩子们听的故事》

1835 年，作家汉斯·克里斯蒂安·安徒生出版了一本名为《讲给孩子们听的故事》的书籍，其中包括《拇指姑娘》《豌豆公主》等人们耳熟能详的故事。

## 《南京条约》

1842 年，中国在鸦片战争中战败，被迫签订《南京条约》。

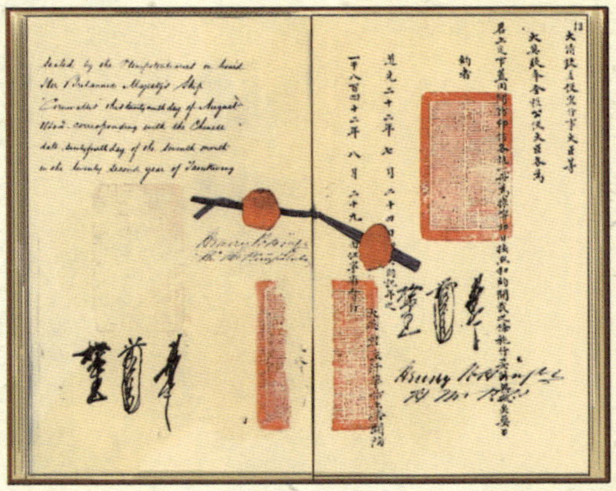

## 欧洲革命

从 1848 年开始，欧洲许多国家都爆发了革命运动，人们渴望社会变革。最初的革命始于法国，随后几乎蔓延到整个欧洲。



**1806 年** 神圣罗马帝国灭亡。

**1807 年** 英国通过禁止贩卖奴隶法。

**1807 年** 葡萄牙国王若昂六世流亡至巴西。

**1807 年** 美国罗伯特·富尔顿制造的新轮船在哈德逊河上试航。

# 年代大事记

## 一、拿破仑一世加冕

1804 年，拿破仑加冕称帝，建立法兰西第一帝国。从此，他开启了南征北战的军旅生涯。

## 二、浪漫主义运动

浪漫主义运动影响了艺术、文学、哲学、音乐等诸多领域，这是一场对理性科学的挑战。这一时期的贝多芬创作了许多著名的交响乐与奏鸣曲。

## 三、特拉法尔加海战

1805 年，英国海军与西、法联军展开海战。最终，英国获得了此次战役的胜利。

## 四、神圣罗马帝国灭亡

1806 年，在拿破仑的铁蹄下，神圣罗马帝国灭亡。

## 五、奴隶拍卖

从16 世纪开始，贩卖奴隶成为非常暴利的行业。到了 1806 年，每年有 8 万~10 万名非洲奴隶被贩卖。

**1810 年** 墨西哥爆发反对西班牙统治的起义。

**1815 年** 滑铁卢战役。

**1819 年** 斯坦福·莱佛士建立了新加坡。

**1820 年** 波斯湾被英国把控。

**1821 年** 秘鲁独立。

## 六、半岛战争

1808 年，英国、西班牙、葡萄牙为了争夺伊比利亚半岛的控制权，与法国开战。这场战役持续了 6 年之久，也被称为“半岛战争”。

## 七、滑铁卢战役

1815 年，英国和普鲁士联军与拿破仑一世在滑铁卢发生激战，这也是拿破仑指挥的最后一场战役。拿破仑战败后，被流放到圣赫勒拿岛。

## 八、第一次鸦片战争

1839 年，清政府派林则徐在虎门销毁鸦片。英国为了能够继续获取利益，在 1840 年对中国发动了第一次鸦片战争。

## 九、《共产党宣言》

1848 年，由马克思与恩格斯合力完成的著作《共产党宣言》在伦敦出版，该书是马克思主义诞生的重要标志。

**1821 年** 墨西哥独立。

**1823 年** 美国总统门罗发表“门罗宣言”。

**1825 年** 世界上第一次周期性经济危机爆发。

**1825 年** 欧文在美国印第安那州创办共产主义新村——“新和谐”。

**1830 年** 法国爆发七月革命。

# 年代文化

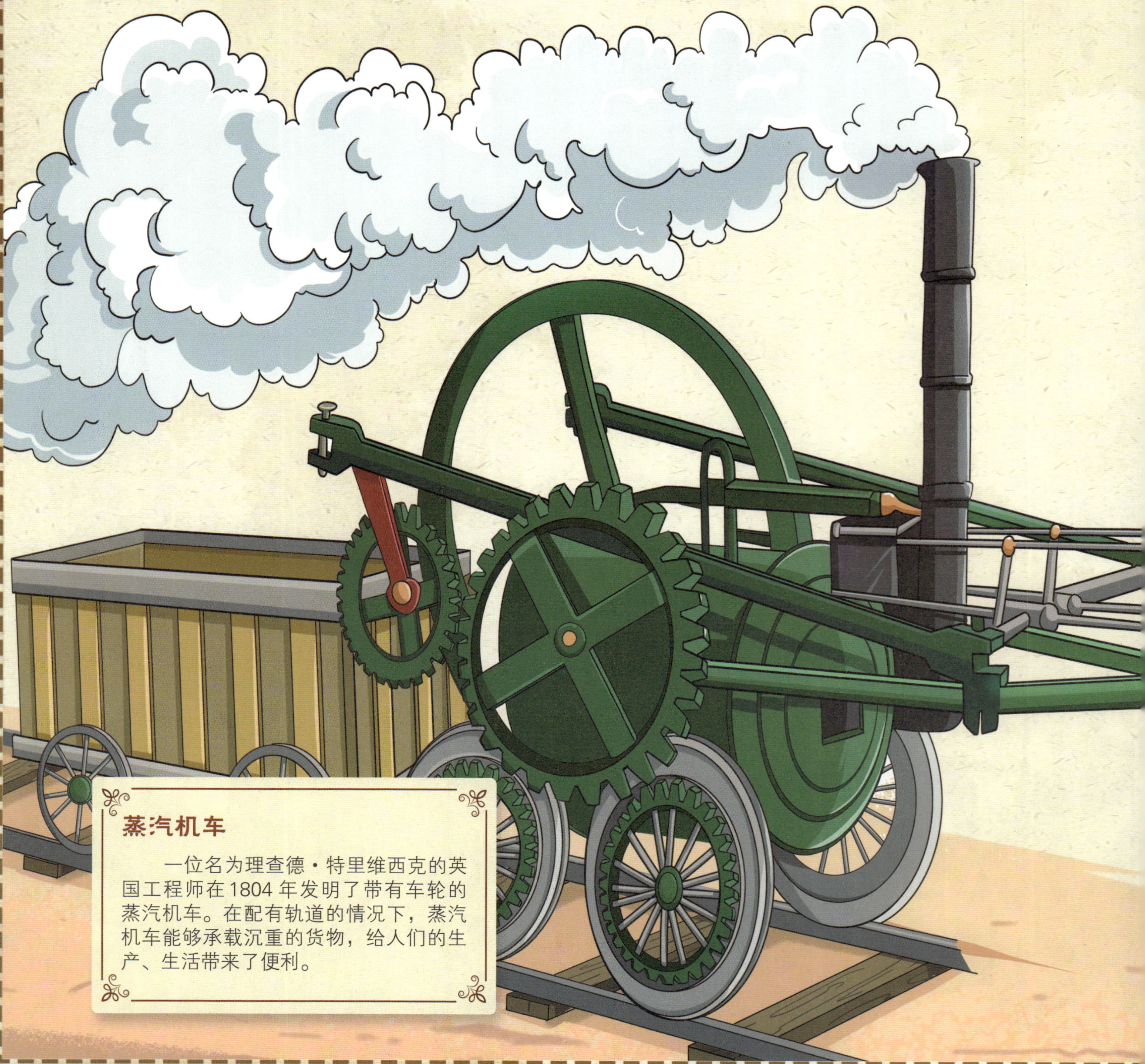

**蒸汽机车**

一位名为理查德·特里维西克的英国工程师在1804年发明了带有车轮的蒸汽机车。在配有轨道的情况下，蒸汽机车能够承载沉重的货物，给人们的生产、生活带来了便利。



**1831 年** 查尔斯·达尔文进行太平洋航行。

**1833 年** 英国废除殖民地的奴隶制。

**1836 年** 英国工人开展争取人民宪章运动。

**1838 年** 印第安人被迫西迁。

**1839 年** 奥斯曼帝国苏丹进行现代化改革。

## 卡斯帕·达维德·弗里德里希

在浪漫主义运动期间，德国艺术家卡斯帕·达维德·弗里德里希脱颖而出。他是一位极具浪漫主义的画家，他的作品多以自然为主，画面上的人物多为剪影。

## 罐头的发明

1805 年法国商人尼古拉·阿佩尔发明玻璃瓶装罐头；1810 年英国人彼得·杜兰德发明了镀锡铁皮装罐头。

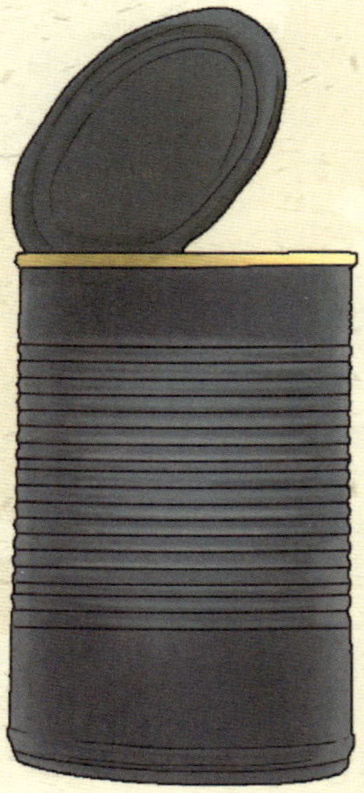

## 自行车的“祖先”

1817 年，德国人卡尔·德莱斯发明了一种新的交通工具，这种交通工具拥有两个车轮，人可以骑坐在上面，以双脚作为动力使车移动。

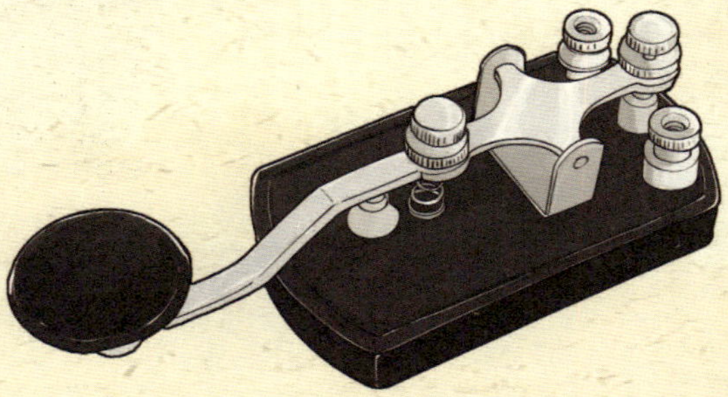

## 莫尔斯电码

美国人塞缪尔·莫尔斯在 1844 年证明了信号可以通过代码传播，并从华盛顿向巴尔的摩发出了世界上第一条电报。



**1840 年**
英国使用便士邮票。

**1840 年**
英国对华发动鸦片战争。

**1848 年**
《共产党宣言》正式发表。

**1848 年**
革命运动席卷欧洲。

**1849 年**
淘金热席卷加利福尼亚。

# 1850—1919年

## 南丁格尔

南丁格尔，英国女护士，近代护理学和护士教育创始人。克里米亚战争时期，她在野战区医院工作，照顾受伤的军人。

## 查尔斯·罗伯特·达尔文

查尔斯·罗伯特·达尔文是英国生物学家，他总结出了“适者生存”的进化理论。达尔文一生中最重要的著作是《物种起源》。

## 地下铁路

1863年，世界上第一条地下铁路在英国伦敦开通。运营当天，慕名而来的乘客达3万人之多。

## 亚伯拉罕·林肯

亚伯拉罕·林肯是美国第16任总统。南北战争期间，林肯废除了黑人奴隶制度，维护国家统一。1865年4月14日，在看戏时被暗杀。

## 《资本论》

1867年，卡尔·马克思出版了批判资本主义的巨著——《资本论》第一卷。

## 苏伊士运河

1869年，苏伊士运河通航。苏伊士运河的开通意味着东西方的贸易、文化交流更加紧密，往来船只不必再绕道至危险的好望角。

## 喀拉喀托火山爆发

1883年，位于印度尼西亚的喀拉喀托火山爆发。这场灾难导致3.5万余人死亡。

## 电话

1876年，贝尔获得了电话的设计专利。电话的发明让人们的沟通方式更加快捷、有效。



**1851年** 第一次世博会在伦敦举办。

**1853年** 克里米亚战争。

**1857年** 印度民族大起义。

**1860年** 英法联军劫掠并火烧圆明园。

**1861年** 俄国农奴制改革。

## 世界上第一辆汽车

1885 年，德国工程师卡尔·本茨发明了世界上第一台以汽油为驱动力的汽车。

## 埃菲尔铁塔

埃菲尔铁塔是为了纪念法国大革命一百周年而建的，其设计者古斯塔夫·埃菲尔还曾参与自由女神像的结构设计。

## 奥运会

1896 年，法国人皮埃尔·德·顾拜旦在希腊雅典召开了第一届现代奥林匹克运动会。

## 《马关条约》

中日甲午战争中，清政府战败，1895 年，签订了《马关条约》。

## “飞行者”号

1903 年，美国莱特兄弟设计制造了世界上第一架以内燃机为动力的有人驾驶飞机——“飞行者”号。“飞行者”号第一次试飞时，在天空中飞行了 12 秒。

## 阿尔伯特·爱因斯坦

阿尔伯特·爱因斯坦是伟大的物理学家，也是量子理论的创建者之一。他在物理学开创了四个领域：狭义相对论、广义相对论、宇宙学和统一场论。

## 居里夫人

居里夫人发现了放射性元素钋（pō）和镭（léi），她于 1903 年获得了诺贝尔物理学奖。

## 列宁

列宁是无产阶级革命家、政治家、思想家，也是世界上第一个社会主义国家的缔造者。



| 1861 年 | 1866 年 | 1867 年 | 1868 年 | 1869 年 |
| --- | --- | --- | --- | --- |
| 美国南北战争爆发。 | 普奥战争。 | 奥匈帝国建立。 | 日本明治维新。 | 苏伊士运河开通。 |

# 年代大事记

## 一、克里米亚战争

1853 年，为了争夺小亚细亚地区，沙皇俄国与英国、法国、奥斯曼帝国、撒丁王国四国联军交战。战争历经 3 年，沙皇俄国战败。

## 二、南北战争

1861 年，美国发生了历史上规模最大的内战，也称为“南北战争”。这场战役的初衷是为了维护国家统一，随后演变成为一场消灭奴隶制度的战争，最终战争以北方联邦胜利而结束。

## 三、明治维新

1868 年的明治维新是日本转向资本主义社会的一场变革运动。

## 四、入侵者的胜利

欧洲移民者来到美洲大陆后，建立农场、屠杀野牛、破坏当地的自然环境，并驱赶印第安人。印第安人为了保护家园一直奋起抗争，但由于武器装备落后，最后以失败告终。

## 五、普法战争

1870年，普鲁士为了争夺霸权，与法国爆发战争。最终普鲁士取得了胜利，获得霸主地位。

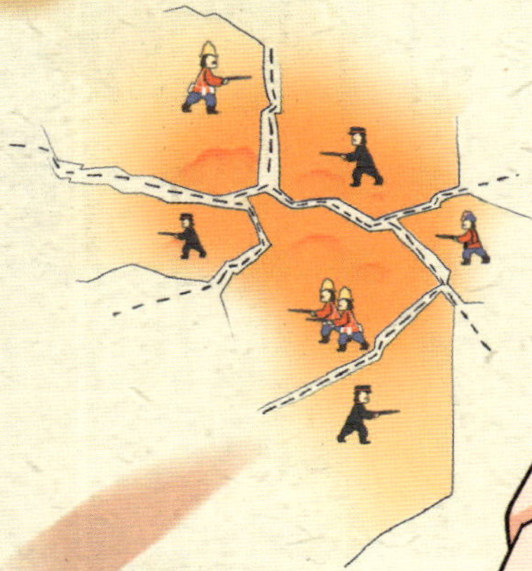

## 六、柏林会议

1884 年，法国、德国、西班牙、意大利、葡萄牙、比利时等列强召开了柏林会议。会议的主题是帮助非洲消灭奴隶制，但实际上，各国的目的是争夺非洲的控制权与资源。

| 1870 年 | 1870 年 | 1874 年 | 1876 年 | 1876 年 |
| --- | --- | --- | --- | --- |
| 普法战争。 | 意大利完成统一。 | 日本入侵中国台湾。 | 朝鲜开放通商口岸。 | 贝尔改良电话机。 |

## 七、中日甲午战争

1894 年，朝鲜爆发东学党起义，朝鲜向中国求援。中国派军支援，日本也趁机派军到朝鲜向中国挑衅（xìn）。清政府仓促迎战，导致北洋水师全军覆没，中国战败。

## 八、第一次世界大战

1914 年，奥匈帝国王储在萨拉热窝被暗杀，此事导致奥匈帝国向塞尔维亚宣战，这也成为第一次世界大战的导火索，欧洲大陆全部卷入战火中。

## 九、十月革命

1917 年的十月革命是俄国工人阶级在布尔什维克党的带领下，联合贫农完成的一场社会主义革命。列宁领导的武装力量占领了冬宫，建立了苏维埃政府。

## 十、巴黎和会

1919 年，一战中胜利的协约国在巴黎凡尔赛宫召开会议，战胜国最终签署了《凡尔赛和约》。巴黎和会是列强重新瓜分世界的一场分赃会议。

**1877 年** 爱迪生发明留声机。

**1884 年** 欧美列强举行瓜分非洲的柏林会议。

**1885 年** 卡尔·本茨造出世界上第一辆装有四冲程汽油发动机的轻型三轮车。

**1894 年** 中日甲午战争爆发。

# 年代文化

## 明治艺术

明治艺术得到了日本政府的大力支持，造型与品质均有新亮点。

## 万国工业博览会

1851 年，英国伦敦举办了世界上第一届万国工业博览会，简称“世博会”。参展商在这次盛会上展示了自己带来的最新科技。



**1903 年** 巴拿马摆脱哥伦比亚统治。

**1903 年** 飞机试飞成功。

**1908 年** 亨利·福特制造出了 T 型车。

**1911 年** 辛亥革命。

**1913 年** 印度诗人泰戈尔获得诺贝尔文学奖。

### 第一届温布尔登网球赛

19 世纪，一种名为“司法泰克”的球类游戏风靡英国，这项运动后改名为“网球”。1877 年，第一届网球官方锦标赛“温布尔登网球赛”在英国举行。

### 胶卷式相机

1888 年，美国人乔治·伊斯曼发明了第一部使用胶卷的相机，并将这部相机命名为“柯达”。

### T 型车

1908 年，美国工业家亨利·福特发明了 T 型车。这款新型车价格便宜、结实耐用，深受大众喜爱。

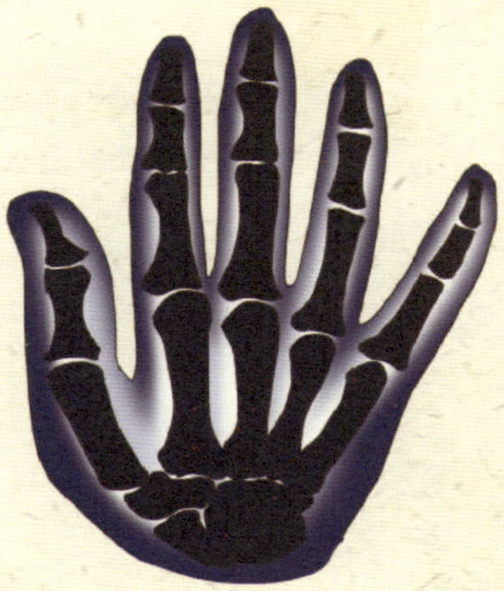

### X 射线

1895 年，威廉·伦琴发现了X 射线。1901 年，伦琴被授予诺贝尔物理学奖。

| 1914 年 | 1917 年 | 1918 年 | 1918 年 | 1919 年 |
|---|---|---|---|---|
| 第一次世界大战爆发。 | 俄国十月革命爆发。 | 第一次世界大战结束。 | 美国总统威尔逊发布《十四点和平原则》。 | 巴黎和会。 |

# 1919—1945 年

## 图坦卡蒙

1922 年，英国考古学家霍华德·卡特发现了埃及法老图坦卡蒙的陵墓，墓室中摆放了各种奇珍异宝。

## 禁酒令

1920 年，美国开始禁止贩卖酒类制品，一些人为了牟利，便偷偷开设“地下酒吧”。

## 恶性通货膨胀

第一次世界大战后，为了应对战争赔偿，德国政府发行了大量纸币，致使物价飙升，纸币贬值，造成恶性通货膨胀。纸币泛滥后，或是被当作燃料，或是被孩子做成风筝玩耍。

## 斯大林

列宁逝世后，斯大林成为苏联最高领导人。在第二次世界大战中，他率领苏联红军击败了纳粹轴心国。

## 米老鼠的出现

米老鼠的创造者是沃特·迪士尼，米老鼠第一次出现在电视上，是在一部名为《威利汽船》的动画短片中。

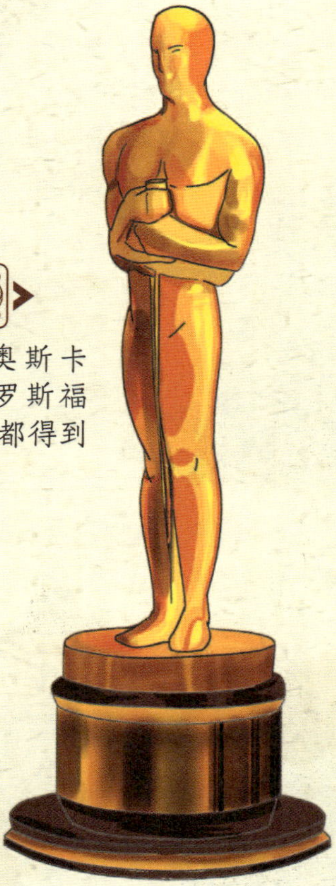

## 奥斯卡颁奖典礼

1929 年，第一届奥斯卡颁奖典礼在好莱坞的罗斯福酒店举办，每个获奖者都得到了一座镀金的奖杯。

## 青霉素

1928 年，科学家亚历山大·弗莱明在培养皿中发现了一种能够杀死葡萄球菌的青绿色菌种，这个菌种就是青霉素。

## 大萧条

1929 年，华尔街股市崩盘，世界进入了经济大萧条时代。失业的人走上街头，身前挂着横幅，写着他们的职业技能，希望能找到工作。



| 1920 年 | 1921 年 | 1921 年 | 1921 年 | 1922 年 | 1926 年 |
|---|---|---|---|---|---|
| 国际联盟成立。 | 华盛顿会议。 | 列宁推行新的经济政策。 | 中国共产党成立。 | 苏联建立。 | 电视机诞生。 |

### “兴登堡”空难

1937 年，德国“兴登堡”号飞艇在飞往美国新泽西时突然爆炸，飞艇上的 30 多人遇难。

### 帝国大厦

1931 年，位于美国曼哈顿第五大道的帝国大厦建成。帝国大厦高 381 米，有 102 层，直到世贸双子塔出现之前，它一直都是世界最高的商业大厦。

### 阿道夫·希特勒

阿道夫·希特勒出生于奥地利。一战期间，他是德军的一名士兵。1921 年成为纳粹党元首，1933 年成为德国总理，奉行侵略扩张政策。1939 年，他发动了第二次世界大战。

### “甲壳虫”汽车

1933 年德国的波尔舍博士设计了一种外形类似甲壳虫的汽车。汽车问世后，深受人们欢迎。

### 丘吉尔

丘吉尔，英国政治家，曾两度出任英国首相，领导英国反抗法西斯德国侵略。

### 《波茨坦公告》

1945 年 7 月 26 日，《波茨坦公告》声明，中、英、美三国将致力于战胜日本与履行《开罗宣言》。苏联对日宣战后，也加入了《波茨坦公告》。

### 罗斯福

罗斯福是美国第 32 任总统，他是二战期间反法西斯同盟阵营的领导人之一。



**1928 年** 发现青霉素。

**1929 年** 华尔街股市崩盘，爆发世界经济危机。

**1930 年** 苏联实行农业集体化。

**1931 年** 日本入侵中国东北。

**1932 年** 日本扶植成立伪满洲国。

# 年代大事记

## 一、墨索里尼执政

意大利首相墨索里尼于1921年11月成立法西斯政党。

## 二、苏联建立

1922年，俄国成立苏维埃社会主义共和国联盟。

## 三、德国屠戮犹太人

1933年，德国纳粹开始对犹太人进行残酷的屠杀。他们将犹太人关入集中营，其中最臭名昭著的就是“奥斯威辛集中营”，数以百万计的犹太人被杀害。

## 四、中国全民族抗日

1937年，日本发动全面侵华战争，并制造了“七七事变”和耸人听闻的“南京大屠杀”。面对日军的暴行，中国国共两党联合起来，全面抗日。

## 五、慕尼黑会议

1938年，德国、意大利、法国和英国在慕尼黑签署了《慕尼黑协定》，割让捷克斯洛伐克的苏台德地区给德国。该会议助长了法西斯德国的侵略气焰。

| 1933年 | 1937年 | 1938年 | 1939年 | 1941年 |
|---|---|---|---|---|
| 罗斯福推行新政。 | 中国开始全面抗战。 | 慕尼黑会议。 | 第二次世界大战爆发。 | 苏德战争爆发。 |

## 六、第二次世界大战

1939 年 9 月德国入侵波兰。随后，越来越多的国家加入战争，第二次世界大战爆发。

## 七、斯大林格勒战役

1942 年，德国企图攻占苏联的斯大林格勒，但遭到苏军的重创。德国战败是二战的重要转折点。

## 八、诺曼底登陆

1944 年 6 月 6 日，反法西斯同盟国的军队在法国诺曼底登陆，对德军发动突袭。

## 九、德国投降

1945 年 4 月 27 日，苏联红军攻入柏林。深知大势已去的希特勒在地下室中自杀。5 月 8 日，德国签署无条件投降书，这一天也成为“欧洲胜利日”。

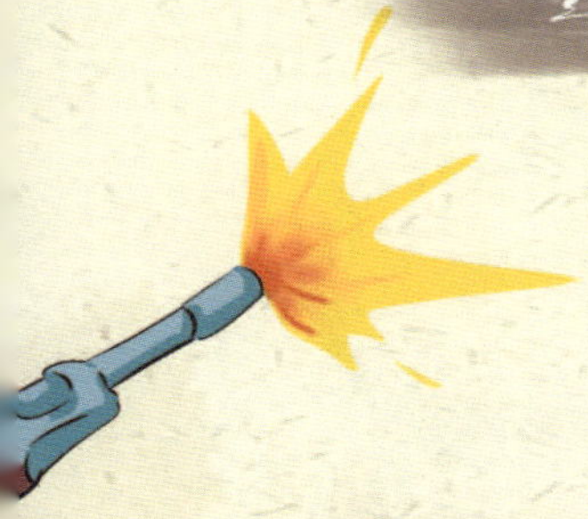

## 十、日本遭受核打击

1945 年 8 月 6 日，美国向日本投下两颗原子弹，敦促日本尽早投降。

## 十一、日本投降

1945 年 8 月 15 日，日本天皇发布停战诏书，表示接受《波茨坦公告》，无条件投降。9 月 2 日，日本正式签署投降书，日本投降标志着第二次世界大战结束。

**1941 年**
日本偷袭珍珠港，太平洋战争爆发。

**1942 年**
斯大林格勒战役。

**1944 年**
诺曼底登陆。

**1945 年**
苏联红军攻占柏林。

**1945 年**
第二次世界大战结束。

# 1945—2000 年

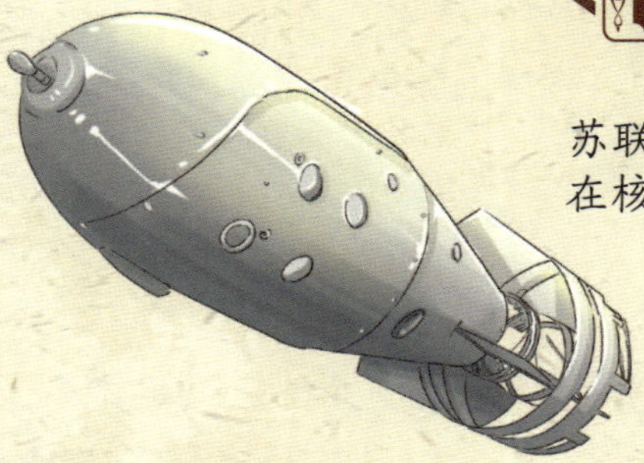

## 苏联核武器

1949 年，苏联原子弹试爆成功。苏联在军事上的发展，打破了美国在核武器方面的垄断地位。

## 甘地

甘地是带领印度人民脱离英国殖民，使印度成为独立国家的人。他的“非暴力不合作”哲学思想影响了许多人。

## 氢弹

1952 年，美国成功研制氢弹，这是一种比原子弹更可怕的武器。第一次氢弹爆炸试验就摧毁了太平洋的一座岛屿。

## DNA

1953 年，科学家克里克与沃森在《自然》杂志发表了他们对 DNA 最新的研究成果：DNA 呈双螺旋结构，决定遗传性状。

## “斯普特尼克”号

1957 年 10 月，苏联发射了世界第一颗人造卫星——“斯普特尼克”1号。一个月后，“斯普特尼克”2号携带着一只名为莱卡的流浪狗进入太空。

## 进入太空第一人

苏联宇航员尤里·加加林乘坐“东方”1号宇宙飞船进入太空，他是世界上第一个进入太空的人。

## 纳尔逊·曼德拉

纳尔逊·曼德拉曾任南非总统，他一直为推翻种族隔离而奔走。

## 肯尼迪遇刺

1963 年 11 月 22 日，美国总统约翰·肯尼迪乘坐敞篷汽车行驶至迪利广场时，遭枪击身亡。



**1945 年** 联合国建立。

**1947 年** 印巴分治，印度、巴基斯坦独立。

**1948 年** 以色列诞生。

**1948 年** 美国开始实施“马歇尔计划”。

**1949 年** 中华人民共和国成立。

### 马丁·路德·金

马丁·路德·金是美国黑人民权运动的领导者，他曾发表过《我有一个梦想》的演说。

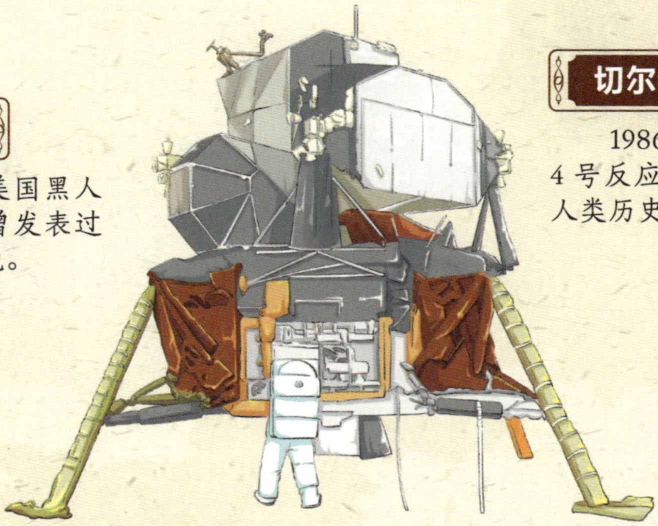

### 登陆月球

1969 年 7 月，美国“阿波罗”11 号飞船载着 3 名宇航员成功登上月球，宇航员尼尔·奥尔登·阿姆斯特朗成为第一个登月者。

### 切尔诺贝利核电站爆炸

1986 年，切尔诺贝利核电站的 4 号反应堆泄露，发生爆炸。这是人类历史上最严重的一场核灾难。

### 柏林墙倒塌

1989 年 11 月，成千上万的民众冲到柏林墙边，将它推倒。从此，东德与西德的人得以自由往来。

### 万维网

1990 年，蒂姆·伯纳斯·李设计出了一种超链接，实现文档之间的传输，他将其称为“万维网”。1993 年，互联网浏览器引入；1995 年，互联网在全世界流行。

### 多莉羊

1996 年，英国罗斯林研究所成功克隆出了一只名叫“多莉”的小羊。

### 新世纪

全世界有数十亿人在迎接新世纪的到来，人们对于 21 世纪充满了无限的想象与憧憬。



| 1950 年 | 1959 年 | 1960 年 | 1961 年 | 1962 年 |
|---|---|---|---|---|
| 朝鲜战争爆发。 | 古巴共和国成立。 | 非洲独立年。 | 修建柏林墙。 | 古巴导弹危机。 |

# 年代大事记

## 一、纽伦堡审判

1945年11月21日，21名纳粹分子在德国纽伦堡军事法庭接受审判，他们被指控犯有反人类及种族灭绝罪。

## 二、联合国大会

1945年，《联合国宪章》的生效标志着联合国的诞生。1946年1月10日，第一次联合国大会在伦敦的威斯敏斯特召开。

## 三、以色列诞生

1947年，联合国建议将巴勒斯坦分为两个国家，一个犹太国家和一个阿拉伯国家，这一决议引发战争，犹太人获得胜利。1948年，犹太国家以色列诞生。

## 四、中华人民共和国成立

1949年10月1日，中华人民共和国成立。

## 五、朝鲜战争

1950年，朝鲜发生南北内战。不久，美国、中国、苏联等国家相继卷入，朝鲜战争成为一场国际性的局部战争。



**1964年** 中国自行研制的第一颗原子弹试爆成功。

**1965年** 越南战争爆发。

**1967年** 欧洲共同体成立。

**1969年** 人类登上月球。

## 六、冷战

第二次世界大战后，苏联与美国成为超级大国。1947 年美国在西欧推行“马歇尔计划”，并组建了军事同盟北大西洋公约组织，遏制苏联；苏联则于 1955 年组建华沙条约组织，与之抗衡。

## 七、古巴共和国

1959 年，菲德尔·卡斯特罗通过武装斗争，推翻了巴蒂斯塔政权，建立了一个全新的社会主义国家——古巴共和国。

## 八、苏联解体

1991 年 12 月 25 日，克里姆林宫在夜色中降下了苏联国旗，超级大国苏联就此解体。

## 九、香港回归

鸦片战争后，中国将香港岛割让给英国，成为殖民地。1997 年 7 月 1 日 0 时，五星红旗在香港冉冉升起，中国政府对香港恢复行使主权。

**1986 年**
切尔诺贝利核电站爆炸。

**1990 年**
海湾战争。

**1991 年**
苏联解体。

**1999 年**
科索沃战争。